やっぱ志ん生だな!

ビートたけし

フィルムアート社

はじめに

突然変異の化け物か!?

たまに古伊万里や佐賀焼きなんかの焼き物師に会うと、とてつもない作品を見せられることがある。たとえば天目茶碗なんて、もう銀河の星みたいになってたりする。ああいうものは普通の努力ではつくれないいんだよな。一生懸命やって、何度も挑戦しつづけて、でも偶然だかなんだかわからない領域でできあがってしまった、という類のすごさなんだ。

古今亭志ん生にも、ああいうものと同じすごさを感じてしまう。だいたい志ん生さんに勝っている落語家っていまだに見たことがないんだよ。芸人全般を見渡したって、皆無なんじゃないか。

また、特にある時代や環境が「古今亭志ん生」を生み出したとも思えないんだ。志ん生という化け物は、本人の努力もあるんだろうけど、でもどこか突然変異のように現れて、困ったことにいまだに現代の人間に挑んでくるんだよ。

よく「時代とともに人間は進化する」と言われるけど、それって人間が進化しているというよりは、時代ごとに天才が現れて、世の中を便利にしているだけじゃないかと思う。

アリストテレスがいたり、ニュートンがいたり、アインシュタインがいたり。現代の人間っていうのは、そういう天才たちの生み出したものの上に乗っかっているだけじゃないかと。

オイラは理工系出身だけど、「ピタゴラスの定理」を完全に理解できているかと言われたら怪しいし、いまだに紀元前の問題が解けないことだってある。まあ、そんなの知らなくたって生活はできるんだけどさ。でも、そういう問題を解決したごく限られた天才たちがあらゆる分野にいて、現代の人間がその恩恵を受けているのは間違いない。だいたい我々なんて、いくら原理が火とリンと硫黄と摩擦熱だってわかったところで、ヘタするとマッチ一個、つくれないからね。

しかも天才の発明って、いきなり世界を変えてしまうんだよな。LEDだってノーベル賞を獲った発明から始まり、いまや信号からクリスマスツリーまでほとんどの灯りがLEDになってしまったからね。

志ん生さんの芸にもそういうところがあると思う。

いきなりポッと出て、何かを変えてしまった人なんだよな。


オイラもずいぶんと負けず嫌いだけど、落語だったら、志ん生さんにはおそらくかなわないだろうなって自覚があるよ。

もちろんそれは、オイラが落語家ではないという前提での話。

もし本当にいまの感覚のままオイラが落語の世界にいたとしたら、絶対に志ん生さん、それから談志さんのことは、追い抜いてみようと思っただろうね。

実際、抜けるか抜けないかは別として、気持ちとしては一番でないとイヤなんだ。

おそらく、志ん生さんのあらゆる落語を聴いて、「他の噺ではダメでも、もしかしたらこの噺だったらオイラのほうがうまいかもしれない」なんてことを思ったりしたんじゃないかな。たとえ志ん生さんと同じ噺でも、クスグリを変えたりしてね。

ようは、「なんとかして志ん生さんに勝つ方法はねえのかな」って。

だからこの本では、オイラなりに志ん生がどうすごいのかを探って、勝負してみたいと思うんだ。

古今亭志ん生（ここんてい しんしょう）

落語家。一八九〇年東京神田生まれ。本名・美濃部孝蔵。三遊亭朝太として前座をつとめ、一九二一年金原亭馬きんで真打昇進。二四年、講釈師に転向するが、二年後に落語家に復帰。十六度ほど改名し、三九年、五代目古今亭志ん生を襲名。太平洋戦争末期は、三遊亭圓生と旧満州に渡った。五六年「お直し」で芸術祭賞受賞。落語協会会長、紫綬褒章、勲四等瑞宝受章。十代目金原亭馬生、三代目古今亭志ん朝の父。六二年、脳出血で倒れるも、翌年復帰し六八年まで高座を務めた。七三年、逝去。

著書に『びんぼう自慢』『なめくじ艦隊』など。放蕩無頼の暮らしで養った洒脱で軽妙な語り口で、昭和の落語を代表する存在。

目次

第一章

凄味

発想力は宇宙レベル

飛び抜けた発想の境地

落語はだいたい寝るときにＣＤで聴くんだけど、志ん生さんのはつい聴き入ってしまって、気づいたら朝になっていることも多い。まず本筋に入る前のマクラの段階で笑ってしまうんだよね。面白くて目が冴えちゃうんだよな。

志ん生さんの落語は、まず展開がぶっ飛んでいるんだよ。

たとえば、嘘つきなヤロウがご隠居さんに北海道の旅の話をしている『弥次郎』はこんな感じでさ。

イノシシに追いかけられた弥次郎、木に登ったはいいが、ドンと当たられ、木を倒されそうだ。仕方ないので腹をくくって飛び降りると、イノシシの背中に前後逆でまたがっちゃった。つかむ首がないから、尻尾をつかもうと思うけど、尻尾もダメ。股座《またぐら》をつかんだら、大きな頭みたいなのが二つあって、しょうがないからそこをクッと握ったり、叩いたりなんかしたら、イノシシが気絶してやっと降りられた。挙句は、岩に向かってイノシシを投げたら腹が破けて子どもがポイポイ十六匹生まれてきてね。シシ（四×四）十六か、っていう。

続く、ウワバミ（大蛇）のネタもおかしいよ。

今度はウワバミに食われて、胃の中に入っちゃった弥次郎が、なんとか外に出ようとして口のほうを見るんだけど、そこには鋭い牙。こりゃだめだって尻尾のほうに逃げると、ちっちゃな穴がある。つまり肛門なんだけど、そこ目指して突き進んでワーッてなんとか逃げ出したら、ウワバミが悔しそうに、

「さるまた履いてりゃよかった！」

こういう発想はどこから出てくるんだろうかね。

中には先人たちのネタやくすぐりを練り直したのもあるんだろうけど、どうにも努力でたどり着いたものとは思えないんだ。おそらく本人も、感覚的にはわかっていても、分析はできない境地なんじゃないかな。

よく長嶋茂雄さんが、「ミスター、スライダーとカーブの打ち方を教えてください」み

たいな質問をされると、こんなことを言っていたよね。

「球がくる、スッと曲がった、カーン！　これだよ！」

冗談みたいで笑ってしまうんだけど、本人はそれでちゃんとわかっているんだ。

ある意味、データの積み重ねを超えた領域なんだよな。


これからはＡＩの時代で、お笑いのネタも人工知能でつくれるかも、なんて言われたりもする。でも、結局はいままでのデータを学習するしかないわけで、それだと「このシチュエーションで一番妥当なツッコミはこの言葉」ぐらいのことしか導き出せない。

だとすれば、この先、志ん生さんみたいな発想の笑いには、たとえＡＩでも勝てないと思うんだよね。

ナンセンスの極み

オイラの好きな落語の噺に『粗忽長屋』がある。

ネタ自体は短いんだよね。

浅草の観音様の近くで大勢の人だかりを見つけた粗忽者の八っつぁんが、見物人の股ぐらをくぐり抜けて、前へ前へと進んで行くとこから始まるんだけど、

「誰だ、俺のふんどしの間から横入りしやがって、この野郎」

「コマかなんか、廻すんですか？」

「なんだお前は？」

「何かいるんですか？」

「いき倒れだよ」

「いき倒れ？　なんですか、それ」

「いき倒れを知らないのか、そこにあるじゃねえか」

「生きてるんですか？」

「生きちゃいないよ、昨日から死んでるんだよ」

「なんで〝生き〟倒れって言うんですか？」

「そういうふうに言うんだよ」

押し問答をしているうちに、八っつぁんが薦《こも》〔マコモを粗く編んだむしろ〕をまくって、いき倒れの顔を見て、

「……きたねえ髭づらの顔になっちゃって。眉毛も太いな、真っ黒で」

「それは下駄の鼻緒だよ！」

「ああ、お前、こんなことになっちゃって。……これはオレの兄弟分ですよ」

「知ってんのか」

「知ってるもなにも、さっき話したばっかりですから」

「おい、ちょっと待ちな。これはいき倒れなんだよ。さっき話したって、そんなわけねえだろう」

「間抜けなヤツで、自分がここにいるのを忘れちゃってるんです。今日、朝早くから話してたんだけど。ちょっと待っててください、本人連れてきますから」

「ちょっと待て。これが本人じゃないのか？」


で、皆の心配をよそに長屋に帰った八っつぁん、当の兄弟分に、

「おい、何やってるんだ。お前いたぞ、浅草に」

「俺、ずっとここにいたぞ」

「だからお前はダメなんだ。浅草で死んだこと忘れてるだろ」

「そうかぁー。じゃ、行ってみようか」


なんていうシュールなネタでさ。

下駄の鼻緒のくだりはオイラのアドリブなんだけど、それにしても、隣に住んでいるヤツに「お前、浅草で死んでたぞ」って言うのはおかしいよな。

マクラの小噺の面白さ

落語って、すぐ本筋に入るというやり方もあるんだけど、志ん生さんはその前のマクラ（導入部分）がまた、面白いんだよね。

『粗忽長屋』の場合、〝世間には、いろんな変わったヤツがいる〟という例として、三つくらいうまい小噺を入れてくる。

最初の一つは、無精者の親子のネタ。

寝そべりながらタバコを吸っていた親父のキセルから吸い殻がボンと落ちて、布団に火が移って煙が出る。同じく寝そべっていた息子がそれに気づいて、

「お父っつぁん、布団が焦げてるぜ。消さなきゃだめだよ」

「面倒くせえ。お前が消せ」

「いやだよ、面倒くせえ」

そんなこと言い合ってるうちに、結局、親子とも焼け死んでしまう。

で、二人とも地獄に落ちて、閻魔様のところに行くんだけど、

「お前らのような無精者は、二度と人間には生まれかわれないぞ。四つ足だぞ」と言われて、

「どうせ四つ足なら、猫に生まれかわりたいです」

「どんな猫だ?」

「カラス猫と言って、真っ黒なやつ。で、鼻の先だけ、点々と白くしてほしいんです」

「鼻の先を白くしてどうする?」

「そいつをごはん粒と間違えて寄って来たネズミを、パクッと食う」


どんだけ不精者なんだっていう。

地獄ネタっていうのはオイラも若い頃に漫才でつくったことがあって、いま思えばそれもこのあとにくっつけられそうなんだよな。


「ホントだめなヤツだ、お前らは。動物に生まれかわらせるのはナシだ。もっとむごい地獄に落ちろ。三つの地獄から選べ」

「どんな地獄ですか?」

「まずは氷地獄だ。見ろ、鬼の前で、みんなが裸足のまま氷の上を、冷たい、冷たいと言いながらペタペタ歩くんだ」

「これはちょっと……」

「じゃあ、こっちはどうだ。熱地獄だ」

行ってみると、みんな木に縛られて、下から炎に炙られて、「アチアチアチアチアチ」と言っている。

「熱いのもちょっと……」

「では、最後の地獄だ。ウンコ地獄。これならどうだ?」

「わっ、クサい! でもよく見ると、みんな首までウンコにつかってタバコを吸ってますね。よし、ニオイを我慢すればいいだけだから、この地獄でお願いします」

って言ったら、鬼が出てきて、

「はい、休憩時間終わり。みんな潜って!」

と、まあ、ウンコにまで飛んでしまったけど、こういうネタをジャンジャンつなぎあわせても一向に問題ないのが、小噺の面白いところなんだよ。

火事が凍る!?

最初に紹介した嘘つきの出てくる『弥次郎』という噺の中に、「火事が凍る」ってネタがあってさ。

「火事だー」って聞いたら普通はまず、火を消さなきゃと思うだろ。でも北海道だと、「水かけちゃ、ダメだぞー」って言うんだよ。消火のために水をかけても、寒すぎて、かけたそばから凍ってしまう。なのに水をかけちゃって、氷細工みたいに火事ごと凍ってしまうわけ。

で、あくる日、弥次郎が、その凍った火事を見世物にしようと、牛の背中かなんかに乗せて運ぶんだけど、太陽の陽でその火事の氷が溶けて、牛がアチアチッて熱がるの。

それだけじゃないよ。火事も凍るような場所だから、小便も凍って棒になっちゃう。厠《かわや》に行くと小さな金槌がぶら下がっていて、ジャーッと出しながら、パチーン、ジャー、パチーンって氷を割る音が響くんだって。たまに目測を誤ってほかのモノを打っちゃって、目を回しちゃったり……。

これも、昔、オイラがつくった漫才にそっくりなのがあるんだよ。友達が北海道に別荘をつくったから遊びに行ってきたっていうネタでさ。

「しかし、北海道は寒かったね。ホント雪ばっかり。そこに小屋一コ建ってるだけだから、もう寒くて寒くて。でもって、夜、寝たら、ドンドンってドアを叩くヤツがいるんだよ。見たらさ、白クマの親子なんだ。『寒いから入れてくれませんか』って。もう俺、驚いちゃったよ。白クマが『寒いから』なんて言うんだもの」

「ホントかよ」

「それだけじゃねえんだ。あのな、お前も寒い時期の北海道に行ってみろって。『あのな』って言葉の『あ』から凍っていくんだから。『あのな』が凍っちゃって、朝日が昇るとそれが溶けて、『あのな』『あのな』っていろんなところから声が上がるんだよ。もうビックリ。トイレ行っても、小便が出た瞬間から凍っていくからね。小便するそばから叩いて割らないと、仰向けに倒れちゃうんだから。大便なんてしたらすごいぞ。もう両足が持ち上がっちゃうから」

想像力の勝負

落語のよさとして、本来なら映像化が難しいことでも、言語ベースなので簡単に組み立てることができるというのは大きいよね。

特にうまい人がやると、想像する余地を残しておいて、お客がいいふうに解釈してくれるように持っていくもんな。

これが逆に説明的すぎると、面白くなくなってしまう。

そこのところ、志ん生さんはホントうまいと思うんだよ。

たとえば、こんな小噺。

「でっかいナスの夢を見たよ」

「どんぐらい？」

「とにかくでかい。家とかそんなもんじゃない」

「町内くらいか」

「いや、もっと大きい」

「ええっ？　そんなにかい」

「もう、暗闇にヘタをつけたような――」


ここまでくると想像力の勝負だよな。

オイラが小さい頃もそうだったけど、志ん生さんの時代って、夜はいまよりももっと真っ暗で、暗闇も深かったんだと思う。

それにしてもすごい想像力だよ。いまの時代でも、ぜんぜん負けていないもんな。

画《え》を浮かばせる技

シュールなネタなのに説明が多いのはまずいけど、ただ、ある程度は画《え》が見えなきゃダメでもある。

「水泳対剣道の異種格闘技対決」

こう言うと、なんか画が見えるだろ。平泳ぎしているヤツを竹刀で上から叩くとか、一方で、剣道のヤツは水をかけられたら負け、とかさ。

「焼肉ボクシング」なんてのも考えたことあるよ。

生肉でつくったグローブをはめて、もう片方の手のグローブはプレートなの。で、お互いジャブやストレートでジュッとやって食ったほうが勝ちっていう。

まあ、面白いかは微妙だけど、画は見えるよね。

「うちのバアさん、『畳の上で死にたい』っていつも畳を背負ってたんだけど、このあいだつまずいて、畳の下敷きになって死んじゃったんだ」

「『下』じゃ、ダメじゃねえか」

これも画が浮かぶよな。

やっぱり、ムダな説明をしないっていうのが大事。

そのへん、志ん生さんは頭がよくて、言葉選びが簡潔なんだよな。

これは漫才やコントにも同じことが言えるし、ただのトークだって同じだよな。基本的に必要最低限の言葉でしか説明しちゃいけないんだよ。

ウチの弟子にも、昔よくテストをしたよ。

「お前の出身地までの道のり、教えてみろ」

って、まず、自分の田舎を説明させてみるの。

すると、

「上野から電車で二時間乗って、そこからバスでさらに三十分行って——」

なんて話し出すんだけど、何分かかるとかそんなのは余分な情報なんだ。

たとえば、こう説明してみたらどうだろう。

「電車で行くと窓から見えるのはずっと田んぼと畑です。あとは仁丹の看板が何度も出てきます。そして駅に着くと、待っているのは松山容子のボンカレーの看板です」

これのほうが断然、わかりやすいよな。

つまり、無駄な情報は省いて、その代わり、田舎の画を想像させてほしいんだ。

漫才でもさ、下手なヤツほど「昨日夕方五時頃に公園に行ってさ」なんて言ってしまう。「夕方五時」という時刻に特別な意味がないかぎり、それは無駄な情報であって、カットするべきなんだよ。

入れるなら入れるで、「夕方五時にラジオ体操はしねーだろ！」みたいなツッコミにつながるとか、そういう必然性がほしい。

ムダを省いて画を想像させるっていうのは、オイラは映画でもよくやるんだけど、どこか数学の因数分解に似ているんだよね。
たとえばXって殺し屋が、A、B、Cを殺すとする。
普通だと、まずXがAを殺して、さらに場所を移してBも殺す。最後、Cを二階からドンと撃つ。とりあえずは、これでA、B、Cの全員を殺したことになる。
でも、このシーンを因数分解すれば、
X（A、B、C）
という表現も可能なんだよね。

するとシーンとしてはこうなる。

夜道をXが一人、ポケットに手を突っ込んで歩いている。あとはそこにA、B、Cの死体のカットを差し込んでいく。

こうすれば黙って歩くXの顔のアップだけで殺したことになって、いちいち殺す場面を撮る必要はない。

まあ、個々の殺しがストーリー的に重要なんだとしたら、そこはちゃんと撮るべきだろうけど。でも、たんにXが殺し屋だっていうことを表現するだけのシーンだったら、因数分解してもかまわない。そのほうがカッコよく見えたりもするしね。

案外、志ん生さんがナスのありえないほどの巨大さを「暗闇にヘタ」という一言に集約してしまうのも、この因数分解に似ている気がするんだ。

リアルな描写力

それにしても志ん生さんの噺は、発想の飛び方が面白いよ。

これも『粗忽長屋』のマクラの小噺で、朝っぱらから「かかあ、出てけぇー!」って怒鳴ってるヤツがいて、でもそいつは独り者だからおかしいなというネタがある。

「どうした、大声出して」

「あの赤無地の犬がな、ノコノコ入ってきやがって、俺の下駄の脇で馬糞をしやがったんだ」

つまり、「かかあ（妻）」ではなくて、「あかあ（赤あ）」の聞き間違いだったことがわかる。

で、聞いたヤツは、「ふーん、憎い犬だな」って返すんだけど、そこでいちいち「犬が馬糞はしねえだろ」とはツッコまないんだよ。

しかも今度はそいつが、「箒《ほうき》かなんかでひっぱたいて、腹割いて、熊の胆《い》をとってみろ。高く売れるぞ」って。

すると「馬鹿だな、熊の胆がとれるのは鹿だろ」と。

そうやってトントントンとボケていくんだけど、このテンポがまた心地いい。

『鰻の幇間《たいこ》』という噺では、あまり繁盛している店じゃないっていうのを説明するんだけど、これもまた志ん生さんは簡潔でいいんだよ。

「こりゃあ、客が入っている店じゃあないよ。二階上がってくるとき、子どもがメンコしていたもの」

これだけで全部、伝わるもんな。

もっと言うと、意味を含まない「うー」「あー」とか「だー」といった声にならない声も、志ん生さんは絶妙なんだ。

寒さを表現するときも、「ゥワァワァワァワァ」とか「ヒャー」とか。

「寒い」と言葉で言うよりも、こっちのほうがより寒さが伝わってくるよね。

酒を飲むのも、「あァあ〜〜」って、実に美味そうでさ。たしかに酒は美味いけど、志ん生さんの落語を聴いていると、そんなにも美味いのかって思うもの。

志ん生さんは、そうやって聴き手の想像の幅を広げるのがホントうまい。

空間を見せる

マクラ的な小噺だったら、いまだと、売れているお笑い芸人のほうがそのへんの落語家よりもうまかったりするんじゃないか。

彼らはよくひな壇で身近な小ネタや失敗談なんかをしゃべったりするけど、言ってみれば、あれも小噺みたいなものだからね。

エピソード語りと落語って、そもそも相性がいいんだよ。二、三人登場人物が出てきても、上下《かみしも》を振って話せばいいわけだから。それこそある程度の長さがあれば、新作落語としてやれないこともないわけだし。

オイラもずっと昔、そういうやり方でネタを詰め込んで『道具屋』をやったことがあるんだよね。くだらないモノを客にどんどん売りつけるっていうネタでさ。

「これを使えばアダルトビデオのモザイクが消えます」なんて言って、ただ首を素早く振るだけとか。まだ当時は「コードレス」という言葉が珍しくて、「これはすごい、コードレステレビなんです」なんて言うんだけど、ブラウン管テレビに直接コンセントの差しロがついてるだけ。「コードがないだけじゃないか、バカヤロウ」って。

落語家でも、そういう新作をつくる人はいるよね。でも、さっきの話と同じで、ほとんどの場合、画が見えないんだよな。

みんな会話をつくるのはうまいんだけど、それだけじゃなくて空間も見えてこないとダメなんだ。

志ん生さんの小噺なんて、映画を見てるみたいだもの。

雨が降ってきて、知り合いの家を見つけたそそっかしい男が、

「あのー、すいませんが、傘貸してください」

「はいはい。傘、出してあげな。(男に向かって) いま出しますから」

「あぁ、あったあった。じゃ、これ、借りてまいります」(と男はさっさと行ってしまう)

「おーい! そらぁ傘じゃねえ、箒だよー!」

「なんだいこりゃ!? ひどいもんだね、あんまり雨がひどいから、傘が箒みたくなっ

ちゃった」

これも細かく言えば、入り口がこっちで、戸を開けると箒はここにあって、中にいるヤツはあっちに座ってて、という位置関係をうまく表現しないと、客には画が見えてこない。志ん生さんはこれがうまいんだ。

人肌を感じるキャラクター

落語は「座っちゃちゃった」というのも、特徴としては大きいね。

同じ一人語りでも漫談やスタンダップ・コメディの場合、短いギャグはやりやすいけど、ストーリーに沿った長い話を聴かせるのは難しいところがあるからね。

何しろ立ってると動かなきゃいけないし、二、三人の会話を表現するのも厄介だよね。

その点、落語は下半身が消えているから、映画みたいに上半身だけのカットバックができる。頭を左右に振るだけで、「八っつぁん」「ご隠居」っていう区別ができてしまう。

「こんなことがあったんですよ」
「またお前、バカなこと言って」

声を出しているのは同じ人間でも、頭を振るだけでちゃんと違う人に見える。この上下《かみしも》の割り振りも志ん生さんは絶妙なんだ。

与太郎みたいなのが「んあ〜」って声を出した瞬間、「んあ〜、じゃねえ!」とか「このバカ!」とか、ツッコミが速いんだ。ほとんど怒鳴っているんだけど、それが面白いんだよね。

落語ってある程度、キャラクターの描き方に幅がないとつまらないんだよな。汚ねえババアだけじゃ、色気がないと言うか。

志ん生さんは、奥さんがいいんだよ。「あらま、ちょいと」とか、なんともいい感じなんだよな。

こんなネタも好きだな。

「お前な、旦那がひどいっていつも相談にくるけど、ちょっとしたらまた一緒にいるじゃねえか。どうして別れないんだよ」

「だって寒いんだもん」


なんかこの〝匂い〟というか、〝人肌〟というかね。「寒いから一緒にいる」っていう関係がこの夫婦の生活やふれあいすべてを表している感じがする。

志ん生さんが演じるのは、下町のおっかさんなんだよね。まあ、暮らしていた下町の空気をよく知っているというのも大きいんだろうな。


ただ、下町って誤解されているところもあるんだよね。

オイラも下町育ちだからわかるんだけど、下町って、ぜんぜん「親切」なんかじゃなくて、どちらかというと「人見知り」なんだよ。基本的に人と関わりたがらない。困っている人を助けるのは、親切じゃなくて、最終手段なんだ。いき倒れがあったって、できれば見て見ぬふりをしたい。

それを誤ったイメージにしてしまったのが、山田洋次さんの映画『男はつらいよ』なんだよ。あれを見たヤツが、下町はああいうもんだと思って千住とかに来るから、たまったもんじゃない。

いまでは、そういうのを相手にしたニセ下町もあるからね。乾物屋とかコロッケ屋とかが、「はい、オマケ！　持ってきな！」とかやると、「いいね、コロッケをつけてくれたよ、さすが下町だね」なんて勘違いしちゃう。そうやって他人が描いた下町を、本物の下町がなぞってしまうということがよくあるんだ。

実際の下町なんて、もっとケンカっ早くて、歩いているだけで「見てんだ、この野郎」って因縁をふっかけられたり、ひどいところなんだから。

駐車した車を酔っ払いが抱きしめてるなんてこともあってさ。「オイラの車がどうかしたか？」って聞くと、「この車、拾った」。「いや、それは駐車しただけだ」って言っても、「いや拾ったんだから、二割よこせ」。それでワーワーやっていると、どんどん人が集まってきて、「カネ払ってやれよ！」って。

ようはもう、貧乏人の集まり。本当の下町っていうのは、そういう世間が思っている下町にすらバカにされるような場所なんだ。

現代に通じる本音と建前

落語がいまでも聴かれているのは、いつの時代も人間は「相変わらず」だから、というのもあるよな。

基本は「チクショウ！　あの野郎、モテていいな」とかさ。庶民の本質なんてそうは変わらない。

落語に出てくる連中ってたいていそうじゃない。身分の低い町人たちが、武士に向かってみんなで「バカヤロウ！」みたいなことを言って虚勢をはるんだけど、いざ武士に睨まれたら、「俺の背中に隠れて言うんじゃない！」ってごまかしたりさ。

立川談春さんが書いた『赤めだか』にも出てくるんだけど、談志さんの言葉でこんなのがある。

赤穂浪士は三百人近くいたのに、そのうち討ち入りに参加したのは四十七人しかいない。つまり、残りの二百五十人くらいは逃げちゃったわけだ。談志さんは、「落語はこの逃げちゃったほうのヤツらが主人公だ」って言うんだ。

『赤めだか』がドラマになって、オイラは談志さんを演じたんだけど、ホントその通りだと思ったよ。赤穂浪士と言ったって、だいたいのヤツは本懐を遂げるどころか、「冗談じゃないよ。どうしよう」なんてオロオロしていたわけで。そういう人間の変わらない本質を扱っているのが、落語なんだよな。


だから、落語に出てくる登場人物って、みんな本音と建前がはっきりしてる。欲望に正直なんだけど、体裁だけは取り繕うとするから、笑ってしまうんだ。

でも、それって誰でも身に覚えのあることだよな。

現代でも「夢を買う」とかなんとか言って、宝くじを買うことがあるよね。志ん生さんの『富久』や『宿屋の富』では、「クジが当たったら、何しようかな」っていろいろ妄想を膨らますヤツを見て、「バカか、当たるわけねえだろ」なんて言うんだけど、そのわりには、自分もいざクジを買うとなったら、「もしかしたら当たるかも?」なんて思ってしまう。そこは今も昔も変わらない、人間の悲しい性《さが》でさ。

そういや、この前笑ったのは、宝くじ売り場に、革ジャン着て、紫色の髪をニワトリみたいにおっ立てたパンクスの男が並んでいたんだ。いちおうそこは、前に一等賞が出たって売り場なんだけど、そこにわざわざ並んでさ、行儀よく五枚くらい買ってるの。「パンクスはノーフューチャーじゃないのかよ!」って。

笑いって、そういうギャップから生まれるところもあるからね。みんなが緊張している場面なんかに、忍び込んでくるだろ。結婚式で新婦の父親が、「ふつつかな娘ですが」って言わなきゃいけないところを「ふしだらな娘ですが」なんて間違えてしまったり。

緊張すると、脳にはそれをほどこうっていう弛緩作用が働いて、かえって笑いに敏感になるのかもしれないね。

伝わる落語って?

そういう人間の本質は変わらないとしても、ディテールの部分では、時代が変わると通じにくいものも出てくる。

オイラだって、落語を聴いてて、着物の素材や製法のことを言われても、それがどんな服装なのか正確にイメージできないからね。

まあ、それは現代でも言えることではある。たとえば「アニエス・ベーのなんとか」ってブランド名を言われても、瞬時にイメージできるヤッと、「なんだそれ?」ってなるヤツとで分かれるよね。その中間ぐらいの、雰囲気はわかるんだけど、具体的なイメージは浮かばないってことだってある。

すると全員が理解できるラインとしては、「ユニクロのトレーナー着て、エドウィンのGパン履いて」とか、「いまどき『I♡NY』ってTシャツもねえだろ」とか、その程度になってきて、これだとなかなか匂いや風情みたいなものは伝わらない。

ただ、伝統芸能ではそれでいいとしても、大衆芸能である以上は、観客に意味が通じないことをやっても仕方ないんだよな。

そういや昔、ファッションのネタをつくったことがあったな。

まず、「ロータックスの時計」とか、「NIKEと書いて『ニケ』のスニーカー」とか、そういうパチモンの話から始めて、

「お前、最近は客もファッションにうるさいんだから、テレビに出るときはちゃんとい

いものを着ないとダメなんだよ。なのに、なんだ、その靴は。きたねえ靴、履きやがって。それ一足分で、俺の靴、二足買えるぞ」

「バカヤロウ、お前のほうが安いじゃねえか！」

モテたい男心は現代も共通だけど、設定としては、吉原の廓噺《くるわばなし》も伝え方が難しくなってくるだろうな。

『お見立て』のマクラで志ん生さんの息子の志ん朝さんが、「遊びの本場といえば吉原で、それはもうすごいものでしたな」って言うけど、まずはオーソドックスにその「吉原」の部分を「ソープランド」に置き換えることはできるかもしれない。

遊女が並ぶ〝張見世《はりみせ》〟で、お気に入りを選ぶことを「お見立て」というんだけど、その張見世をソープ嬢の写真パネルに変えてみて、

「この中から好きな子を選んでください。みんないいですよ。全員フルーツの名前がついています。レモンちゃん、アップルちゃん、ストロベリーちゃんもいいですよ。あ、この子なんてどうです?」

「なんだ、シミだらけだねえ」

「ナシちゃんです。でも、『ナシ』はダメですよ」

とかさ。

あるいは、こんなマクラもできるかも。

「ソープランドの待合室には雑誌が置いてあって、テレビも見られるんです。これがアダルトビデオでも流れてるのかと思ったら、真面目な政治討論会。雑誌もよく見れば『プレジデント』とか『財界人』とか、誰がそんなものを読むんだっていう。みんな真面目な顔をして、いかにもそんなことするわけはない、という顔をしているんだけど、『〇〇さん～』って呼ぶ声とともにドアが開くと、いっせいにその〇〇さんと女を見比べるんです。またそれがいい女で『チクショウ！』なんて舌打ちしたりして。で、今度は『××さん～』って自分の名前を呼ばれるんだけど、女の顔を見たら、すぐに寝たフリをしたりなんかして」

と、ここまで話してから、『お見立て』に入っていくなんてのはアリだろうね。
こんなふうに、現代のものにいろいろ置きかえてみるのも面白いよな。

第二章

原点

笑いと話芸のルーツ

実は落語家になりたかった!?

たまにオイラの話し方が志ん生さんに似てると言われるんだけど、たぶんオフクロ経由なんだよね。

オフクロはかなりの志ん生ファンで、「やだもう、お前はね」なんて言い方が志ん生さんそっくりなんだよ。だから、志ん生↓オフクロ↓オイラの順に影響を受けたんだと思う。『火焔太鼓』には、余計なこと言って客を逃がしては、しっかり者の奥さんに叱られる道具屋の旦那が出てくるんだけど、ウチのオヤジとオフクロの会話なんて、もろにそれだったからさ。

「あれ、仕事かい?」

「仕事行こうとしてるのに、いちいちそんなこと聞くなよ」

「仕事って言っても、あんたの仕事は、飲み屋に行って飲んで帰って来るだけじゃないか。その前にちゃんと仕事やんなさいよ」

「ったく、うるせえな。毎日、ペンキ塗っているじゃねえか」

しかもウチのオヤジの場合、背広の仕立て屋の壁を塗りに行って、頼まれるだけじゃ悪いからって自分もそこで背広を仕立てたりしてたんだ。だけど、仕立て代のほうが全然高くついて、あとで金を払いに行くっていう。オフクロもあきれて、

「あんた、うちはペンキ屋だよ。しかも食えてないのに、どうして三つ揃えの背広が必要なんだい?」

なんて言ってたよ。

落語に関しては、まあ、いい時代に生まれ育ったとは思う。

基本はラジオだよね。落語のほかに、相撲や野球のラジオ中継も聴いてたな。漫才もあったんだろうけど、まだ東京では認知されていなくて、芸といえばやっぱり落語だった。印象に残っているのは、(三代目)三遊亭金馬、(八代目)桂文楽、そしてやっぱり古今亭志ん生だよね。晩年の志ん生さんの高座を、子どものときに上野の鈴本演芸場なんかで、ナマで見たこともあるよ。

ウチのオフクロからすれば、志ん生さんは年上なんだけど、「志ん生はかわいい」と言っていた。

もしかして、オフクロから「落語家にでもなりなよ」と言われていたら、オイラは落語の世界に進んでいたかもしれない。たまにそう思うことがあるよ。実際、子ども心に、あいう人たちみたいになりたいなぁ、という気持ちはあったからね。当時はまだ、落語家は、真打になる前に前座・二ツ目という厳しい修行期間がある、っていうことも知らなかったし。

いまの落語ブームについて

大学をドロップアウトしたとき、周りは天井桟敷だ、赤テントだ、黒テントだって、みんなそういう流行りのアングラ芝居に行ってしまった。オイラはアングラに興味ないし、理解もできないから、地元の浅草に戻ったんだよね。

それで深見（千三郎）の師匠と出会って、フランス座のストリップ小屋でコントをやるようになるんだけど、いま思えば師匠の演出が落語的でもあった。

口立てで演出をつけていくんだけど、「いいか、お前の役はこう」って四人分ぐらいをまず師匠が一人で演じてみせるの。このとき、一人で切り替える師匠の「間」がすごくよかったんだよね。

当時は、コント55号が売れてきて、コントにチャンスが回ってきた時代なんだけど、漫才を見たら、たいして面白くもないヤツらがわりとチヤホヤされているんだ。しかも、いいクルマに乗ってたりする。それで、「あの程度の漫才であんないいクルマに乗れるんだったら、漫才やってみようかな」とオイラは思ったんだ。

もともと漫才って、寄席の色物だったんだよ。新宿の末廣亭とかに出るときは、漫才師たちは靴を脱いで出ていた。当時は長くて裾の広がったズボンが流行っていたから、裾を引きずって、「殿中でござる」みたいになってしまったり。

だけどオイラが漫才を始めた頃から、世間的には扱いが変わってきたんだよね。本場の大阪へ行くと、漫才でも靴で舞台に出られる。

そうやって漫才が流行ってきて、どんどん新しい流れが出てきたときに、東京の寄席はちょっと時代に置いていかれた気がする。

はっきりいうと、落語にとっても狭間の時代だったんだろうな。

目立っていたのは、このあいだ亡くなったけど、「山のアナアナアナアナ」の歌奴——のちの三遊亭圓歌さんとか、それから談志さんや志ん朝さん、まだ圓鏡だった頃の橘家圓蔵さん。こういう人たちが売れてきて、落語が盛り返してきたんだよね。

その後、漫才も、オイラたちの頃は五、六組で引っ張っていたのが、どんどん細分化されていって、十年ぐらいごとに第二次ブーム、第三次ブームなんていっているうちに、いまやコンビが何千組とか存在する。みんな腕はオイラたちの頃よりも上がっているはずなんだけど、漫才というジャンル自体が少し飽きられてきたところもある。

それでまた、いま意外にも落語がブームになっている、なんてことも聞くんだけど、やっぱり落語協会をやめた談志さんの立川流の功績が大きいんじゃないかな。

立川流は、寄席に頼らず、落語家自身の魅力で客を集めてホールで落語を見せるようになり、志の輔や談春、志らくの切符が取れない、なんていう状況も生まれた。いまの若い落語家はそういうのを見て育っているからね。

昔、談志さん行きつけの銀座のバー「美弥」で飲んだ帰り、まだ坊やだった談春さんが

タクシーの助手席で、オイラと談志さんの会話を聞いてたらしくて、それをまだ覚えてるって言うんだ。オイラが談志さんに、

「落語っていうのはネタがどうこうよりも、結局、『誰が話すか』のほうが重要ですよね」

と言ったんだって。

談春さんは、漫才ブームの真っ只中であえて落語の道を選んで談志さんの弟子になった人だから、それを聞いて、何か思うところがあったのかもしれないね。

心地よいテンポと間

同じ会話を見せるのでも、落語と漫才ではテンポが異なる。

落語では「あー」とか「うー」っていう間をつくるけど、漫才の場合、コンマ何秒でもそういう間が入ると、「ああ、ツッコミ遅いな」と思ってしまうことがある。テクニック的に言うと、漫才ではちょっと食い気味にすることも多いからね。相手の会話のお尻に、「違うだろ」とか「もういいよ」とかぶせてしまう。

一方で、落語は自分の都合のいいように自分でツッコめるから、間を心地よく聴かせることができる。もっとも、あまり才能がないヤツだと、間の悪さがマヌケだったりもするんだけどね。特にオチのタイミングが下手なヤツのは、聴いてられない。

オイラの感覚としては、心地のよい間というのは、たとえ時代が流れてもほとんど変わらない。

ただ、廃れたなと思うのは、すぐツッコまずに黙ってじっと待つような間だろうな。

たとえば、『黄金餅』で、夜更けに寺に死体を運んで、「ナムアミダナムアミダ」ってお経をあげてもらうところで、和尚さんがまどろむんだけど、

「ナムあああああむ、……ああァ……」

「……あくびをするんじゃない!」

っていう、この間ね。

心地よい間は、たとえば志ん生さんの小噺のネタで、枡落とし〔ネズミ捕りの仕掛け〕でネズミを捕まえたヤツが、

「……ととと、捕ったぞお。ネズミだ。こりゃ大きいぞ」

「大きい？　尻尾がちょっと見えてらあ。そんな大きくねえぞ」

「何を言ってやがんだ、こんチクショウめ。大きいぞ」

「いや、小さいよ」

「大きい」

「小さい」

すると枡の中からネズミが

「チュウ（中）！」

っていうのがあるね。

この「チュウ！」が難しい。他の人がやってもぜんぜん笑えないネタなんだけど、志ん生さんの間は絶妙で笑ってしまうんだよな。

このネズミもそうだけど、志ん生さんは動物を使うのもうまい。

「カニって横に歩くものなのに、コイツはタテに這ってるじゃねえか」

「すみません、すこーし酔ってますからぁ〜」

カニが擬人化した声で「酔ってますからぁ〜」と言うので、つい笑ってしまう。

感情表現の妙

落語には、オイラと同じような芸人も出てくるんだけど、『富久』に出てくる久蔵は、酒癖が悪く、得意先の旦那をしくじって、浅草（三軒町）の裏長屋に引きこもっている幇《ほう》間《かん》なんだよね。幇間というのは、いわゆる場を盛り上げる芸人で、決して相手を否定しない。ひたすら褒め続ける。

オイラの若い頃、〝ヨイショ〟っていうあだ名の幇間みたいな先輩がいたんだよな。ある日、この先輩と、舞台を見にきてくれた埼玉の土建屋の旦那と一緒にオイラも飲みに行くことになった。先輩が旦那に言うんだ。


「旦那、どうもすいません。どうでした舞台？」

「たいして面白くなかった」

「そうです！　面白くないんです。（オイラを指して）こいつが下手だから」

「いや、下手なのはお前だよ」


もう、ほとんど落語なんだよ。

あと、こんなのもあったな。


「ちょっと冷えてきたな」

「ええ、冷えてきましたね。寒くて風邪ひきそうですよ。旦那はいいの着てますが、こっちはこれなんでね」

「Tシャツしかないのか」

「そうなんです。旦那はいいセーター着てますね」

「そうでもないよ」

「高いんでしょ」

「高くはない」

「それ、着てみたいなあ」

「お前のでかい身体じゃムリだよ」

「いや、セーターなんて伸びるもんですから」


で、旦那の小さいサイズのセーターを着させてもらって、

「ぴったりです」

「お前はヤドカリか！」


実際、江戸時代の幇間もこの先輩みたいな感じだったんだろうな。

志ん生さんは射幸心とか、人間的な部分の表現が特にうまいと思うんだけど、『富久』では、久蔵の感情の振れ幅がまたすごいんだ。

火事で家が焼け、旦那の家に居候している久蔵が、千両の当たりくじが火事で燃えたと思って悲しみにくれているところに、棟梁がくじの入ったお宮を保管してくれていたとわかった瞬間、「この泥棒!」っていきなり棟梁の首を絞めたりね。

談志さんも、『富久』は志ん生さんと同じ型でやるんだけど、やはりあの感情の振れ幅は志ん生さんのキーの高さあってのもの、という気がする。

志ん生さんの久蔵は、寒さや絶望感、ひもじさというのが自然と伝わってくるんだよね。ただ、志ん生さん自身も貧乏で借金して回っていたっていうけど、実際はお金がなかったというよりは、けっこう稼いではいて、でもそのカネで飲んじゃっていた、というのが真相なんじゃないかな。

その点はウチのオヤジも似てるんだよ。貧乏ではあるんだけど、借金苦ではない。カネがあってもすぐオヤジが遣ってしまうだけで、それをオフクロが内職して穴埋めするっていう。

『富久』の中盤、しくじった旦那の家が火事だと知り、挽回を目論む久蔵が浅草から芝の旦那の家まで駆け出していく。このくだり、他の落語家だとわりと一瞬で移動するところを、志ん生さんはけっこう長くやる。

「火事だ火事だぁ、こんチクショウ、ジャマだジャマだぁ……なんだ俺だけだ、走ってるのは……あぁ寒い、あぁ～」

旦那の店に着くと、火事の手伝いを買って出る。今度は久蔵、「風呂敷出して。みんな背負っちゃうから」なんて言って、家財道具を持ち上げようとするんだけど、これが上がらない。

「すみません、紙屑箱を降ろしてください」
「そんなもの降ろしたって同じだよ」
「いや、気持ちが違いますから。（持ち上げようとして）……掛軸も降ろしてください」

それでも持ち上がらないから、最後は仏壇も箪笥《たんす》も全部降ろしてしまう。それでもなぜか持ち上がらない。

「どうして上がんねえんだろ、これ」

「バカヤロウ、柱ごと背負ってんじゃねえか」

っていう。

続いて、酒で旦那をしくじってしまったはずの久蔵なのに、酒が飲みたくてしょうがないとくる。この飲みたい感じがまた、志ん生さんはうまい。旦那に許されて、酒を飲む久蔵。「カァー、うめえ」って、胃の中へどくどくと流し込んでいく。

だんだん酔っ払ってきて、ついには寝てしまう。すると今度は自分のウチのほうが火事だと起こされて、家に戻るも、すべて燃えてしまっている。また戻ってきて、今度は富くじの抽選。で、くじが当たるけど、当たり札がない――。

人情噺なんだけど、笑わせる要素もあり、酒に溺れる場面もある。『富久』には、人間の喜怒哀楽すべての要素が入っていると思うね。

落語を「画《え》」と「カット」でとらえる

志ん生さんの『富久』は、映画的でもある。撮るべきカットを撮って、丁寧につないでいる感じがする。言葉だけなのに、どの画《え》で寄って、どの画で引くのかが的確なんだ。

芝の火事の場面、旦那が店の者に「お前ら、あわてちゃいけない。鳶頭に任せておけばいい」と指示を飛ばしている画は引き。で、「誰か来た？　誰だ？」という旦那の台詞をきっかけにポンとカットが替わって、「へへッ、久蔵でございます」は寄りの画。すると、ここからはカットバックになって、

「久蔵か！　どっから来たんだ？」

「浅草の三軒町から駆けつけてきました！」

「そうか。そんな遠くからよくやって来たなぁ……えらい、出入りは許してやるぞ」

「そう来るだろうと思った」

で、また切り替わって、今度はミドルサイズの画になって、

「お前は芸人だ、何もできやしねえ。怪我するといけないから、引っ込んでな」

「何を言ってんですか。こういうときこそご恩返しを。風呂敷出してください」

と、こう来る。

富くじの抽選の場面も、まずは神社の境内を俯瞰で押さえて、ザワザワしているところにポンと寄ると、久蔵じゃない連中が、

「俺、くじが当たったらどうしよう」

「一等だったら、酒で池をつくって飛び込んじゃおうか」

なんてしゃべっている。そこに、遠くから当たりくじの番号が聞こえて、

「鶴の千五百番!」

「ワー、外れた!」

すると、ここからがうまくて、

「うん?　ここに一人、ぶっ倒れているヤツがいるぞ」

倒れている人の表情に切り替わり、

「あたあたあた……当たった!」

これがなんと久蔵という。

いったん本人ではない人物の視点を経由することで、かえって久蔵が主人公として浮かび上がってくるという構成になっている。

で、久蔵が胴上げ状態で運ばれていくんだけど、ここは久蔵の顔のアップだろうね。

志ん生さんのつなぎがうまいから、ついオイラだったらどう撮るかも考えてしまう。くじが当たった久蔵は、でも、くじの札がないからカネを受け取れないと言われてしまう。絶望してとぼとぼと歩いていく久蔵を捉えるのは横移動のカメラだね。レールを引いて、ミドルサイズ。ここで寄るとよくないんだ。寄るならすぐに事件を起こさないといけないから。

向こうからくる棟梁と会って、普通はここからは寄りなんだろうけど、オイラの場合、まだ寄りたくない。何か事件が起こっても、引いたままで見せたいんだよな。

映画を撮り始めた最初の『その男、凶暴につき』の頃なんかは、映画のセオリー通りに撮ろうとするカメラマンとよくケンカになったよ。カメラマンって、まずフレームの中に主役を置いた上で、残りの空間を埋めようとするんだよね。黒澤明さんなんかも、「あと五センチ寄って」とか、細かく空間を詰めていた。オイラはそういう画面設計を無視して、ヘタすると、しゃべっている人間の顔すら撮らずに、聞いている側のリアクションだけを撮っているときもあったな。

人間なんだから、しょうがねえや

そういや、『その男、凶暴につき』では、白竜が演じた殺し屋のカーラジオから志ん生さんの『黄金餅』の道中付けを流したんだよね。

べつにラジオを流さなくてもいいシーンなんだけど、直感的に、志ん生さんの道中付けがハマる気がしたんだ。落語を知っている人なら、「『黄金餅』だ」とすぐにピンとくるだろうし。道中付けってのは、道中の道筋をテンポよく一気に言い立てる型のことだけど、『黄金餅』の道中付けは死体を運んでいるから、これを流すことで、「殺し屋が向かっている」という雰囲気が伝わるかなと。

だいたい『黄金餅』ってかなり残酷な噺だと思うんだ。

金を包んだ餅を食って死んじまった西念（乞食坊主）の様子を見た隣人の金兵衛が、善人ぶって弔うんだけど、目的は腹の中の金。焼き場で死体の腹から金だけを奪い、骨は残して立ち去ろうとする。焼き場の人が、「この骨どうするんだい」って聞くと、「犬にでもやっちゃえ」と。しかも、「その金をもとに餅屋を開いて、たいそう繁盛しました」っていうハッピーエンドだからね。

ホントひどい話なんだけど、志ん生さんがやると、どうもそれが許されてしまうおかしみがある。人間の業だからしょうがねえや、という。

みんなあまり笑わないんだけど、西念の死体を麻布絶口釜無村《あざぶぜっこうかまなしむら》の木蓮寺に運ぶ前に、金兵衛が大家さんに報告するところ、

「俺んとこの寺にでも持って行ってやろうかと思うんです」

「早桶（死体を入れる桶）はどうした」

「井戸端に干してあったのを借りました」

すると大家が、

「おい、それ、俺んとこの菜漬けの樽だよ」

って言うんだよね。菜漬けはひどいけど、そもそも大家としては、「人んちの樽、使うなよ」って言いたいところだよな。

で、死体を勝手に入れちゃって、みんなでワァワァワァワァ言いながら背負って運び出して、「下谷の山崎町を出まして……」という道中付けが始まる。

志ん生さんの場合、この道中付けは、講釈師に対して当てつけのようにやっていたところもあるんじゃないかな。志ん生さんって、講釈や唄の修業は相当やっていたと思うんだ。だから見せ場をちゃんとつくるよね。

オイラも、この道中付けを少し今風にして、

「下谷の山崎町を出まして、それから上野の山下に出て、三枚橋を渡ると上野広小路、アブアブの横を通り、かつてフラフープとダッチワイフで大儲けした塩化ビニール工場の横を通り、バッタもんでお馴染みの――」

なんていうネタをつくったこともあるよ。

弟子の浅草キッドも、

「歌舞伎町一番街を通って、外国人ばかりの靖国通りを右に曲がり——」

なんて、漫才でやっていたな。

オイラも、またアレンジを加えて、『黄金餅』に挑戦してみようかな。道中付けはくたびれそうだけど。

第三章

普遍

ごはんは飽きない

客との向き合い方

落語ならなんでも面白いわけじゃなくて、オイラは『饅頭怖い』とか『寿限無』とかは笑えないんだよね。他の噺だとネタバレしてても笑えるんだけど、この二つみたいな噺は何が面白いのかさっぱりわからない。

もっともウチのグレート義太夫は『饅頭怖い』をアレンジして、『軍団怖い』なんてネタをやってたけどね。

「みんな集まったか。いま、うちの師匠いねえからよ、軍団でいちばん誰が怖いか言ってみようぜ」

「俺は(つまみ)枝豆さんだな。顔が曲がってて怖い」

「いや(そのまんま)東さんも怖いよ。自転車泥棒してたような人が、県知事にまでなったんだぜ。あんな怖い人、いないよ」

「いや、ガダルカナル・タカさんのほうが怖いよ。本物のヤ○ザのせがれだからね」

なんてやってんの。つい笑っちゃったけどな。

でも、やっぱり『饅頭怖い』は笑えない。こればっかりは、志ん生さんのでもダメだもんな。うまいとは思うけどね。

落語って歌舞伎ほどではないけど、やはりマニアックな部分があって、よくわからないままありがたがられている部分も少なくないと思うんだ。

それこそ三遊亭圓朝がいた明治までいってしまうと、実際に聴いたことのある人はもういないし、録音素材もほとんど残っていない。だから、落語家の技術としての本当のところは、いまとなってはわからないんだよね。

ただ、それでもオイラの見るかぎり、落語の長い歴史を考えても、最高傑作はやはり古今亭志ん生だと思う。

志ん生さんって、出からサゲまで「俺の芸を見ろ」という押しつけがましさを絶対に感じさせないんだよ。ただもう、お客が喜んでくれればいい、という。

その観客ファーストの姿勢はまた、爆笑王と呼ばれた（初代）林家三平さんなんかとも違うんだよな。きちんと落語という芸と向き合った上で、お客を笑わせている。

志ん生さんは講釈がメインのネタも普通に落語としてやってしまうよね。談志さんもたまに『鮫講釈』とか『源平盛衰記』とか講談ベースの噺をやっていたけど、どこか「どうだ、俺の芸は」という意識が見えるんだ。

そこへいくと志ん生さんは、負けず嫌いではあるんだけど、根底に、あくまで落語とはお客を笑いに持っていくための道具である、という考えがあって、「俺の芸を見ろ」というふうにはならない。

それでいて何気なくギャグとかは、笑顔の大阪商人ばりに計算ずくなんだよな。だから、一見、まったく力が入っていないように見えるし、人によってはどれだけ笑わされても、そのうまさには気づかない。

このうまさは、ライバルとも言われる同時代の桂文楽とも違う。

志ん生と文楽、それぞれ個性があるんだけど、特に旦那や女房の描き方に差が出るように感じるね。

文楽さんの旦那は、やや神経質な堅物なんだ。で、その旦那に奥さんも従属している感じがある。「旦那さま、旦那さま」という関係性のネタも多いし。

だけど志ん生さんの旦那は、『火焔太鼓』みたいにボーッとしているようなところがあって、年上の女房が、その旦那に文句ばかり言ってるの。でも、どこか女房はその旦那のことが好きなのが伝わってくる。旦那は旦那で、奥さんに直接、文句は言えなくて、外に出ては、「ウチの野郎が……」とかなんとか言ってる感じがする。

志ん生さんのネタは、「飲む、打つ、買う」じゃないけど、酒もよく出てきて、本当に美味そうに飲むし、遊女と客のやりとりも生き生きとしているんだよな。『五人廻し』とか、廓が舞台の噺を聴いてると、キャバレーの呼び込みと同じで、

「上がっていってよ」

「カネないんだよ」

「いいよ、あたしが用意するから」

「ちょっと一回まわってから帰ってくるよ」

「待ってらんないわよ」

なんて、いかにもありそうな感じなんだ。

声の張りと間持ち

志ん生さんには、特有の「声の質」というのもある。志ん生さんのトーンは高いよね。文楽さんもわりと高いけど。

低いのは金馬。あの人はもともと講釈師だからね。だから、金馬さんがやる子どもって独特なんだよね。それがオイラはあまり好きじゃなくて。子どもだったら、やっぱり志ん生のほうがいいなと思う。

声の張り方もうまいんだよね。『寝床』のマクラで小噺を振ってから、本編に入るぞっていうところで、いきなり「あのね」とやる。

「あのね、いよいよあたしが今夜は、義太夫の催しをやるからね」

あの冒頭の声の張りで一気に噺に入って、お客を会話に巻き込んでいくんだよな。

ある意味、テキヤのやり方と同じなんだよ。

テキヤの場合は、客と同じ目線の高さだから、高座よりもっと声を張らないといけないけどね。だからテキヤなんて、「いまから蛇が出ます」とか、もっとわけのわからないことで客を引きつけるだろ。

その点、落語の高座は客が見上げる構造になっているから、テキヤよりは声を張らずにすむんだけど、それでもマクラから本ネタに入るときは、志ん生さんぐらい声を張ったほうがいいんだろうな。

だから逆にラジオなんかのときだと、志ん生さんはちょっとやりづらそうに聞こえるもんな。客の反応が見えないっていうのも大きいだろうし。


あと、志ん生さんならではの「間持ち」というのもあるね。

ダーンと笑わせておいて、次の言葉を言うまで「ウーン」と困ったような、お酒飲んでいい気持ちになったようななんともいえない顔で待って、「でもね、あれだな」と続ける。いまだと「ドヤ顔」というのがあるけど、あれと正反対の顔なんだよね。

『寝床』のお客とのやりとりなんて抜群だもの。

『寝床』には、義太夫が趣味の大家の旦那が出てくる。披露する前に、

「えー、あくびとかセキとかをするのはダメだよ。ここが本当に、芸の要なんだから」

っていうところがあるんだけど、そのとき客席から本当に「ゴホン」っていう咳が聞こえてさ、すかさず志ん生さん、

「ウーン」

想像だけど、このとき志ん生さんは、そのお客のほうをジーッと見ていたんじゃないかな。

漫才の場合はそこで「お客さん、大丈夫ですか？」なんていじるんだけど、落語はいじらないのが基本。で、いじらなくても、どっかんとウケているもんね。

「あのー、瞬きはいいよ、あと息もしていいよ、みんな死んじゃうから」

なんてかぶせて、それでまた笑いが起きてね。

録音なんだけど、志ん生さんの顔や客席の様子が目に浮かぶようだよね。

言葉を選び抜く

『寝床』のマクラで、志ん生さんは義太夫をやるんだけど、これがまたうまいんだよな。

「〽イヤァーデン、イヤデンイヤデン、イヤデンイヤ、イヤァ〜〜」

「イヤならよしゃあいいんだけど」

「〽私のお尻《えど》の下よりも、たぎりし湯玉が煮え上がり、陰金田虫にしみるのが、どうまァこらえて、いられようかァ〜」

「そんなら出りゃあいいんだ」

「出りゃあいいんだ」っていうのもいいんだよね。ネタはくだらねえんだよ。タマキンに湯玉があたるだけの話だから。

あれはネタで笑わせているんだけど、やっぱり義太夫らしさがあるんだよね。

同じマクラで志ん生さんは女房から田舎者、子どもまで、あらゆる人を演じ分けるんだけど、そのどれにも志ん生さんのエッセンスが入ってる。

泣いている小僧を見た旦那が、自分の義太夫に感動したと勘違いして、

「どこが悲しくて泣いているんだ、お前」

「あそこです」

「私が義太夫をやった床じゃないか」

「あそこが私の寝床なんです」


というのが、よく知られる『寝床』のサゲ。

だけど、志ん生さんのは違う。義太夫のあまりの下手さに逃げ出した前の番頭がお蔵に隠れると、見台《けんだい》を持って追いかけてきた旦那が、二階の窓から義太夫を流し込んじゃう。で、中の番頭はのたうちまわって、書き置きを残して、「いまはドイツにいるそうです」というオチになる。

もはや「寝床」の意味すらなくなっているんだよね。

でも、たしかに「あそこが私の寝床です」というのはつまらないもの。やっぱり蔵の中に入り込んだ番頭に旦那が上から義太夫を流し込んだりし、番頭がその日のうちに書き置きを残して、いまはドイツにいる、というほうが面白い。落差というか発想の飛び方が面白いんだよね。「書き置きを残して、長野」じゃダメなんだよ。そこは「ドイツ」でなくちゃ。これが「月」まで行っちゃったり、「いまは火星に住んでます」でも面白くない。その案配ね。

また、「フランス」でもダメなんだよ。やっぱりそこは「ドイツ」でなきゃ。

この言葉選びのセンスはぜんぜん古くならないんだよな。

芸事は「隠しネタ」になる

前に（笑福亭）鶴瓶の会に出たとき、オイラも『寝床』をやってみたんだよ。

鶴瓶はオイラが落語好きなことを知ってて、テープをくれたり、その前にも一度、テレビ番組で落語をやらされたこともあった。

オイラの『寝床』は、こんな感じ。

大家が、「私の義太夫を聞かせたら、提灯屋の親父が感動して、明日から頑張ろうと一生懸命になってね、店も大きくなって表通りに提灯屋を出すようになって、弟子の二、三人も持つようになった。こんなありがたい義太夫があるかって言うんだ」って。だけど、実は提灯屋の女房が旦那を騙してて、「あんたに隠し事があるんだ」と、それを告白するの。

「何年か前に大家さんの義太夫があったよね。でも仕事があるからってあんた逃げようとしたでしょ。実はあのとき、私が勝手に仕事を断ってね、あんたを義太夫に行かせたんだよ」

「なんだと？　この野郎！」

「だけどね、聞いとくれ。あのとき、我慢してでも義太夫を聞いたから、大家さんの覚えもめでたくなって、いまじゃこうして店も大きくなったんじゃないか」

なんて、女房が旦那に隠し事を明かす『芝浜』を混ぜちゃったりして。

カネ持ちが習い事で義太夫をやっている感じって、オイラのばあさんが実際に義太夫を教えていたから、よくわかるんだ。

ばあさんは娘義太夫をやってたんだけど、舞台がなくなってきたときに通い弟子をとって、近所の乾物屋の親父やなんかにウチで教えていたんだよね。

自分のウチから妙なうめき声が聞こえたりするんだよ。太棹のベンベンベンベンって音も。

「北野くんの家、なんか、うめき声が聞こえる」
とか言われちゃってさ。子ども心に恥ずかしくてしょうがなかったな。それをばあさんに言ったら、「芸だからしょうがない」って。また、ばあさんが唸るとうまいんだけど、かえって「うわぁ〜」と恥ずかしくなったりして。

ＮＨＫの、家族のルーツを探る「ファミリーヒストリー」っていう番組でもやったんだけど、うちのばあさんは竹本八重子といって、豊竹呂昇《ろしょう》〔女義太夫師。明治から大正にかけて女義太夫の頂点にいた〕の並びに関脇ぐらいの位置にいたんだよ。それで食ってたんだから、たいしたもんだと思うよ。

オイラが子どもの頃はまだ義太夫ファンがけっこういたんだよね。志ん生さんの『寝床』にも「タレ義太」というのが出てくるけど、「タレ」とは女という意味で、つまり、娘義太夫のこと。それのファンの追っかけもいてさ、いまで言うアイドルみたいな扱いだった。

この追っかけファンが「どうする、どうする」って掛け声をかけるから「どうする連」と呼ばれてて、娘義太夫が次の寄席に行くまでの人力車も押したりしていたんだって。で、小屋に入ったら、また掛け声をかけるっていう。

だから、志ん生さんが「イヤァーデン、イヤデンイヤデン」とか義太夫をやるのを聴くと、うちのばあさんを思い出すし、なつかしいのと同時に、そのうまさもわかるんだ。いまの時代に義太夫を語りと三味線入りのエンターテインメントとして聴こうとすると、けっこう長いからね。志ん生さんもいちばんすごい部分だけを『寝床』の中では凝縮してるもんな。

しかも志ん生さんの場合、その前の小噺に芸事の小ネタもちりばめてくる。かなりの勉強家だと思うよ。

だから志ん生さんの落語を聴いてると、そばやうどんを食う演じ方なんてどうだっていいと思えてくる。落語家のうどんの食い方がうまくて、それを見たら、客が必ずうどんが食いたくなったっていう話があるけど、映像があらゆるところに溢れている現代では、そういう感覚はどんどん古くなる。それよりも、志ん生さんの噺に、義太夫や講釈のような芸のエッセンスが集約されていることのほうが大事だよ。

志ん生さんってそういう隠し味をいっぱい持ってるんだよな。まあ、いい芸人はだいたいい何かしらそういうものを持っているけどね。

オイラも出身が漫才よりも先にまずコメディアンだったので、師匠に言われて、楽器やらタップやらいろいろ覚えさせられたよ。いつもエレベーターの前でタップを踏んで練習していたもんね。

実際、それで稼ぐわけでもないんだけど、台所の棚にある調味料みたいなものなんだな。「たまにはこれ、かけてみるか。どうだこの味は」って。そこで「うめえな」となっても、次からもそれをかけるわけじゃなくて、機会が来たらまた使うか、ぐらいの感じでとっておく。

志ん生さんの「味」

やっぱり志ん生さんって古くならないんだよな。

それどころか、志ん生さんの間のよさっていうのは、いまだに追いつけないものがあるね。

『火焔太鼓』あたりを聴くと、若いときの志ん生さんって、まだしゃべりのスピードが速いんだよ。

「ちょっとちょっとちょっと、だからまたお客さんを逃して、バカだねこの人は」

「うーん、だって買わないもんはしょうがねえじゃないか、バカヤロウ」

「あんたが『これ、いい箪笥《たんす》ですよ。六年もここにあるんです』なんていうからだよ！」

なんて感じで。

それが、晩年になってくるとスピードは落ちるんだけど、むしろ間が研ぎ澄まされてくるんだよね。しかも味が出てくる。

大したギャグではないのに、味だけで笑わせるテクニックが抜群なんだよ。

『火焔太鼓』の舞台は道具屋なんだけど、出てくるガラクタも小野小町が鎮西八郎為朝《ちんぜいはちろうためとも》にあてて送った手紙とか岩見重太郎のわらじとかを並べておいて、

「俺が買って失敗したのは、平清盛の尿瓶《しびん》」

この言葉のスポットの当て方もすごいね。

落語の長屋に出てくるのは、横丁のご隠居さんに八っつぁん、熊さん……と、だいたい同じメンツなんだけど、同じ長屋でも志ん生さんの場合、どこか生あったかさがあるんだよな。子どもの頃、母ちゃんの腰巻きのあたりに抱きついたときの匂いというか。

懐かしいんだけど、古くない。志ん生さんの味っていつの時代も有効なんだよ。

このへんは感覚的なものだけど、現代の味噌汁が「味噌汁の素」をパパッとお湯で溶かしただけのものだとすれば、志ん生さんの味は、かつお節と昆布で出汁《だし》をとってから味噌を溶かして、豆腐やネギを入れていた時代の味噌汁なんだよな。そこは悲しいかな、いくら文明が発展したといってもかなわないものがあるよ。

日本酒だって、同じ酒を飲んでても、オイラたちのと志ん生さんの時代のとでは美味さが違うはず、と思うもの。以前、陶芸家の十四代酒井田柿右衛門さんともそんな話をしたことがあるよ。酒の肴だって違うだろうしね。刺身なんかとくにそう。昔は海もこんなに汚染されていなかっただろうし。

聴くほどに発見がある

オイラは第一次漫才ブームの時点ですでに、これは限界がくるなと思った。オイラたちよりも若いヤツらはうまくなっているし、ネタのスピードも上がっているんだけど、味が一切ないっていうのに気づいてしまったんだ。やっぱりそれだと、志ん生さんには勝てないんだよな。

オイラはまだ、志ん生さんの味をかろうじて生で知っている世代だけど、若い人はそういうものがあることすら気づかない場合もあるだろ。でも、録音で残っている音源もあるわけだから、ぜひ古今亭志ん生に触れてみてほしいんだよな。そしたら、志ん生さんの味というものがいかにすごいかわかるはずだから。もしわからないとしたら、それは才能のないヤツか、とんでもない天才かのどちらかだと思うよ。中間はない。中間のヤツは、志ん生さんには勝てない。まあ、勝とうと思うヤツ自体、ハナからあまりいないだろうけどさ。

オイラに関していえば、志ん生さんより笑いをとる方法なら、ある程度知っている。でも、この味というものを含めて勝つとなると、簡単にはいかないと思ってるよ。

「志ん生さんより笑いをとる方法」って書いたけど、そこに関しても、志ん生さんは生半可ではないからね。

非常にシンプルなんだよ。誰かが失敗して、それに突っ込む。これだけ。それなのに、志ん生さんの場合、その場の客との関係で、細かい調整も施してくる。

『あくび指南』なんかも、録音によってサゲ方を少しずつ変えてるもの。

「おい船頭さん、舟を上手の方にやっておくれよ。これから堀に上がって一杯やって、夜は吉原《なか》へでも行って、新造（遊女）でも買って遊ぼうか。舟もいいが、一日乗ってると……退屈で退屈で……はァあぁァ……（とあくびをして）なんねえや」

というのが指南役の手本。サゲでは、一緒に来たヤツが「さっきからくだらねえことを言ってやがんな。こっちのほうが退屈で退屈で……」と、最後の「なんねえや」と言う前に、お客がワーッと笑って「なんねえや」が消えたときがあったんだけど、志ん生さんはそこでもう一回「退屈で」と入れたりしてる。意外と細かい工夫をしてるんだよね。

ほかにも、客が調子づいて「〝おいっ〟とくらぁ」と言うと、指南役が「〝くらぁ〟は余計だ、〝おい〟でいい」、また客が「おい、船頭！」と言うと、指南役が「呼び捨てはダメだ、〝さん〟をつけなさい」とか、静か〜にやってんだけど。そのボケとツッコミが案外、難しいんだよね。

飽きられないスタイル

志ん生さんの生み出す空間って、すごくフラットなのを感じるね。

お客は志ん生に期待するし、志ん生さん自身も「ありがたいね」なんてお客を持ち上げるけど、志ん生さんがいて、お客がいて、みな「この世界を楽しもう」としか考えていない。志ん生さんにとっては自分が上でも、お客が上でもないんだよね。

この空間が、自分の芸で楽しくなればいいやとしか思っていないのが録音からでもよくわかるよ。

そういうフラットさをつくれるのも、やっぱり味があってこそなんだよな、と思ってしまう。

若いヤツらのネタを見てると、スイーツみたいに感じることがある。ティラミスから始まって、ナタデココだ、パンナコッタだっていう。それぞれ圧倒的に人気の出た時代もあるけど、ほとんどが一時の流行で終わってしまっただろ。

けっきょく地味なようでいて安定しているのは、そばやご飯なんだよ。

白いご飯って、おかずに何を盛ろうがいいじゃない。カレーをかけたって、刺身を乗せたっていい。逆にものすごくいいおかずがあるときも、「ここにご飯があったらな」とか、「これをご飯にかけたらうまいだろうな」って思われたりもする。この状態が、芸人としては一番いいんだ。

小ネタのギャグや瞬発芸で売れても、いつか煮詰まってしまう。いまの若手って、いずれくる終わりを自分でつくってしまっているのがもったいないよな。

本来は長い時間の平均点でやっていくところを、一発勝負になってしまっている。それだったら、ユーチューバーと変わらないもんな。ピコ太郎だって、いくらユーチューブで売れたとはいえ、あれ以上のものは出てこないんだから。

なぜ人は同じ歌を何度も聴きたがるのか、という理由をもうちょっと考えたほうがいい。流行歌のサビなんて、何度聴いても気持ちいいだろ。むしろそういう歌だからヒットするともいえる。

落語も、オチがわかっていても何度でも聴けてしまうんだよ。三代目柳好の『野ざらし』なんて、お客のほうからリクエストするもの。それで、知ってるネタでも、みんな笑うもの。これが漫才だと、オチがわかってるとダメなんだ。そんなにはウケない。

落語家の技もあるんだよな。志ん生さんは小噺でも、ネタバレしているんだけど、していないようにやるよね。たとえば、「昔はもう三文ありゃ下駄の鼻緒は二足買えたんだよね。これを二足三文と言う」というネタがあって、噺の途中でお客に「二足三文」とくるなと気づかれそうなものなんだけど、何気なくうまくやっている。

しかも落語の場合、流行歌と違って、毎回、少しずつ変化させることができる。

もちろん歌だって、「この前聴いたのよりも今度のほうがよかった」とか、「出だしちょっとトチってたね」とか細かくはあるんだけど、部分的に歌詞が変わったりすることはそうない。

でも、落語の場合はアドリブの要素も大きくて、うまくいったときと失敗したときの差もすごくはっきりと出る。そこがかえって深みになっているのもあるね。ネタを成長させていけるというか、芸人としての蓄積を活かすことができるんだよな。

言葉で想像させる究極の芸

落語も、そろそろスターが出てもいいと思うんだ。

いかんせん、落語家が出るテレビ番組が少なすぎるというのはあるけど。落語というジャンルで言えば、いまや「笑点」ぐらいか。「笑点」の何が面白いのか、いまだにオイラにはわからないよ。

昔は、月の家圓鏡（故・橘家圓蔵）さんとツービートのテレビ番組なんていうのもあったんだ。一時間を半分に割って、圓鏡さんの落語と俺たちの漫才とで対決するっていう。あの頃、圓鏡さんの落語もテンポよかったし、ネタもかなりバカバカしくて、面白かったけどね。でも、いまのテレビの枠だと、あんなふうに贅沢には時間をとれないだろうな。

すると頼みの綱は寄席や独演会なんだけど、落語をナマで聴くのに適した人数というのも限界があるからね。せいぜい二〜三百人だろ。四百人じゃちょっと多いぐらい。それをなんとか市民会館みたいな会場で何千人とか入れてやってしまうと、落語のよさは伝わらないんだよな。

やっぱり落語は、究極のしゃべり芸だと思うんだ。

海外のスタンダップ・コメディも簡素ではあるけど、歩いたりなんだりっていう視覚要素も強い。落語も所作があるけど、やはり声がメインで、だからほとんどの表現が言葉で可能となるし、客との真剣勝負でもある。

このシンプルさと大衆人気の部分をどうつなぐかで、落語のこれからは決まるだろうね。

第四章

創造

ライブ中毒

アドリブでどんどん変える

前の章で触れたけど、昔、遊びでちょこっと落語をやったことがあるんだ。『道具屋』に『火焔太鼓』をくっつけたような噺なんだけど、それを見た談志さんに「なんだお前の落語、志ん生師匠みたいだな」と言われたことがあった。「だけどね、お前は映画監督とかやったほうがいいんじゃねえか」とも言っていたから、案外このまま野放しにすると自分よりうまくなる可能性があると思ったのかもしれない。まあ、談志さんのことだから、それでも負けないよ、というのはあっただろうけど。

最近も、爆笑問題の事務所ライブや横浜の野毛での落語会で『大工調べ』をやったんだ。『大工調べ』って、家賃滞納の抵当《カタ》に商売物の道具箱を取られた与太郎に代わって棟梁が一肌脱ごうとするんだけど、お白洲の裁きにまで騒動が広がっちゃうって噺で、サゲはいくつかパターンがあるんだ。中盤の棟梁の啖呵までやって、途中で切り上げる落語家もいる。志ん生さんは、お白洲の裁きがある後半までやるのが好きだったみたい。

やっておきながらこう言うのもなんだけど、オイラの場合、ひとまずストーリーは四コマ漫画的に把握しているだけなんだ。

①与太郎のところに棟梁がくる。
②与太郎が借金の抵当《カタ》に道具箱をとられているのを知って、二人で大家のところにいく。
③借金が「一両と八百」のところを「一両」を返すだけですまそうとするが、大家と揉めて、棟梁が啖呵を切る。
④大岡裁きになる。

この四コマ的なあらすじだけを頭の中に入れておいて、細かいところはアドリブでどんどん変えていった。
棟梁が啖呵を切る場面、与太郎との掛け合いはこんな感じ。

「おい！　大家。てめえ、昔この長屋に来た頃、どこの馬の骨だか知らねえ野郎だったのが、『おかみさん、薪割りましょうか』なんつって、いつの間にかババアとくっつきやがって、この野郎。与太郎、お前もなんか言ってやれ!」

「そうだぞ、大家さん!」

「大家さんの『さん』はいらない」

「なんだ大家! この野郎。えらそうに横に座りやがって、何が棟梁だ」

「棟梁は俺のことだ!」

「そこへ座れ、二人とも」

「いや、二人じゃない。大家一人に言え、バカヤロウ!」

で、こうなりゃ、出るとこ出るぞって、お白洲で大岡越前の裁きになるんだけど、ドーンと太鼓が鳴って、ポンポンポンポンポンポンポン……、

「ひとつ、人の世の生き血をすすり――」

「桃太郎侍だよ、そりゃ」

「一同の者、表へ出ろ」

で、みんな白洲の外に出ようとしちゃう。

「いや違う、面《おもて》を上げろ……下げろ、回せ」

「ラジオ体操か！」

なんてやってたりして、最後は「一両八百」の借金を「一両二分」に変えて、

「さて棟梁こと辰五郎、お前は与太郎さんに」

「与太郎に『さん』はいらないよ」

「これで大家さんから借りたカネを返せと、一両渡したそうだな。大家はその一両をとっておきながら、なぜ大工道具を出さない」

「貸したのは一両二分なんです。二分、足りない」

「よし、わかった。じゃあ、その一両をわしによこせ」

「それで、どうするんです？」

「棟梁は一両を与太郎に与えて、一両の損。与太郎は大家に一両を取られて、一両の損。

大家はわしに一両取られて、一両の損。三方一両損。見事なお裁きだろ」

「バカヤロウ！　あんたは損してないだろ」

って、同じ大岡越前が出てくる『三方一両損』の噺をサゲとしてくっつけてみた。

しかし、『大工調べ』は、棟梁の啖呵が聴かせどころなんだけど、オイラは完全にアドリブでやってるから噛んじゃったりして、まだダメだね。本格的にやろうと思ったら、一度、文章で覚えて、さらにその内容をアレンジしたバージョンを完全に頭の中に入れてからやってみたいんだよな。

「出」の極意

落語にかぎらず、ライブの場では、オイラは「出」にいちばん気を遣うね。いわゆる「つかみ」というやつだ。

最近ライブでよくやるのは、悪口から入るというやり方。

ちょっとざわついた客の前に出ていって、

「なんだお前ら、安いカネで偉そうに座ってやがって、バカヤロウ！　さっき、入り口のテケツ（チケット売り場）で聞いたら、五千円出して千五百円の釣りをもらったヤツがいるらしいじゃねえか。お前らには人情ってものがねえのか！　いくら代金が三千五百円といってもな、どうみてもこの会場、そんなカネで借りられる設備なわけねえだろうが。釣りはいいよ、っていう気遣いのできるヤツはいねえのか。そんなんで恥ずかしくねえのか、バカヤロウ！」

こういうことを平気で言っちゃうの。

さらに、

「中にはネットオークションで七万円も払ったヤツがいるらしい。お前か？　うん、お前はいい。前に来い。あとは三千五百円で普通に買ったヤツら……お前らは、バカヤロウ、全員、外に出ろ！　そんなカネで笑わせてもらおうって根性が気にくわない。こんなデカい会場、いくらかかると思ってるんだ。前回なんて、満員なのに二十万円の赤字だったんだぞ。なんでオイラがカネ出さなきゃいけないんだよ！　『寝床』じゃねえんだから」

と、こんな感じ。

いまだに、ライブで最初の笑いをとるまではドキドキするよ。出てすぐ最初のギャグで客が笑わなかったときは、「うわー、やっちまった」って焦るもんね。そういうときは、なんとか早めにもう一回ギャグをやって、「笑った、ああよかった！」って自分でバラしながら入るようにする。

まあ、どんな芸人だって、客が絶対に笑うっていう保証はないからね。

客が引いているときってすぐわかるんだよ。こちらが「しくじった」と思う顔も、なんとか取り戻そうとする努力も、みんな客にはバレるから、結果、負のスパイラルに入ってしまう。これがいちばん困るんだよな。

そうなったらもう、反則技を使うしかない。

「やめた！　客がバカだから帰る」とか、「やらないよもう、漫才なんか。だって笑わないんだもん」とか言い残して帰っちゃったり。でもって、また、「すみません、支配人に怒られました」と言いながらすぐ出てくるとか。あとは「もう、頭きた！」と背広を脱いじゃったりね。そうやってなんとか取り戻す方法はあるんだけど。

客を巻き込む

志ん生さんの場合、出囃子が鳴って、「志ん生が現れた！」っていうどよめきがあるよね。変な言い方だけど、どこかの教祖が出てきたみたいな。高座に着くまでにもうそこに志ん生の世界ができあがってしまう。

また、出てきてもなかなか話し出さないんだよな。お客が「あ、志ん生だ」となり、ざわつくのが収まるのを見計らって、「…………えへん。ええ〜」とすうっと噺に入っていく。「落語というものは、落とし噺でございまして〜」と、マクラをちょっとやって、今度はネタに入るときは声を少し張るんだ。

『寝床』なら、「あのね」とポーンと高く入るので、ネタに入ったなっていうのがわかる。それだけでもう、いつのまにか会話の世界に引き込まれてしまう。

けっして親しみやすいわけでもないのに、お客を巻き込んで、仲間にしてしまうんだよな。

たとえば、「なんだね、このカニは——」なんて一人でしゃべっていても、お客も一緒になって志ん生さんと同じカニを見ている感じにさせてしまうからすごい。

オイラは、脳硬塞で倒れたあとの七十代後半の志ん生さんの落語も、わりと好きなんだよね。滑舌は悪いし、間もちょっと長くなっているんだけど、やっぱり、うまい。

なんというか骨董品みたいに古ければ古いほどいいという感じもあって、これはこれで芸だなと思わせるものがあるんだ。

志ん生さんの落語を聴きたくて聴いているんだけど、いつのまにか、大好きなおじさんの噺が聴きたい、という感じにさせられているんだよな。

改めて芸人としてのスケールが違うんだ。他の人は、「あ、商売で笑わすために出てきたんだな」とか、「この人、これでいくらもらっているんだろうな」とか思ってしまうんだけど、志ん生さんにはそういうことを一切感じない。「なんかこの人、人前で話すのが好きなだけなんじゃねえか」とすら思えてくる瞬間があるんだよね。

だから志ん生さんを寄席で普通に見ることができた人たちは、こんな幸運なこともなかっただろうと思うよ。木戸銭だって安かっただろうしさ。

つかんで落とす

あるとき見た、談志さんのつかみも笑ったな。

「えー」ってお辞儀したあと、

「いまジャイアンツ、6－1で負けてるよ」

って。

お客はみんな爆笑なんだけどけど、ジャイアンツのファンはガックリきちゃうよな。

「まあ、たまには負けることもあるよ」だって。

談志さんは小噺もけっこうな数、持っていたよな。

「でも、野球ってのはあれだな、トランプに『全とっかえ』ってのがあるけど、ドラフトなんかしなくていいから、全選手取り替えちゃえばいいのにな」

なんてことも言ってたね。

オイラもスポーツは好きだから、そういう小噺はいくつか持っている。

バスケットを初めて見たヤツが、

「おい、ネットが破けてるぞ！　誰か教えてやれよ」

なんて。

あと同じヤツが、ラグビーを見て、

「みんなでワイワイ引っ張りあうから、ボールの形がゆがんじゃったじゃないか！　ほら、弾み方だっておかしいよ」

っていうの。


たまに落語家で、マクラで失敗しても、平気な顔をしてなんの笑いもとらず、淡々と十五分ぐらいやって帰っていく人がいるけど、あれはダメだよな。

もともと笑えるネタでないならまだいいんだけど、それが『湯屋番』みたいに笑わせるネタだったりすると目も当てられない。

寝言みたいな落語をやって、お客がクスリともしないのに「おあとがよろしいようで」なんて終わらせる。「よろしくねえよ、バカヤロウ」と思ってしまうよな。あれで平気なのがオイラにはよくわからない。

落とし方だって、うまいやり方はあって、志ん生さんはだいたいキーを上げるよね。

『寝床』なら、「いま、ドイツに行っちゃって」とか、『火焔太鼓』なら「半鐘《はんしょう》はいけないよ、おじゃんになるから」とか、ややテンションを上げて、ぎゅっと絞る。

「ハハハハ、どうにもしょうがないんでございまして」みたいに自分でちょっと笑ってしまう感じもいいいんだよな。

昔、ツービートの漫才で「東宝名人会」に出たことがあるんだけど、俺らとB&Bでかき混ぜちゃって、あとに出た落語家さんが怒っちゃったこともあったな。「お前らがワアワアやるから、落語ができねえよ」って。しかも客も俺らのファンが多いもんだから、あまり前に出るとトリの落語家が出る頃にはみんな帰ってしまう。席亭としては、俺らが客を呼ぶのはわかってるから、出番をどんどん後ろに回すので、結局、トリの前になっちゃった。

まあ、テケテンテンテンテンって出囃子の前に、漫才で走り回るんだから、いまではそりゃ悪いことをしちゃったなとは思うよ。

即興の返し技

ライブではどうしても予期しないことが起こる。

前の章でも、志ん生さんが「咳はダメだよ」って言った瞬間にお客が「ゴホン」とやってウケたという話を紹介したけど、それも、志ん生さんの「ウーン」って困ったようなリアクションで笑いが増幅されているわけだからね。

歌舞伎なんかでは、そういうアドリブがのちに型になることがあるし、漫才でも、偶然ウケたことで定着した掛け合いネタも少なくない。

たとえば初めは普通に漫才をやっているんだけど、途中で片方のろれつが回らなくなってそれがウケると、二回目のステージからはわざと同じことをやるんだ。しかも、毎回アドリブのように見せる。すると客は、「あのときは失敗して逆に面白かった」なんて言うんだけど、実はどこでも同じアドリブをやっているっていう。Wけんじの「やんなっ」ってネタなんて、まさにそうだからね。

ライブだと時間との兼ね合いもあるね。うまいヤツだと「あれ、思ったよりこのネタでウケるな」というときはそちらの方向にネタを継ぎ足していって、「そろそろ客も飽きてきたな」となったらすっと元のラインに戻す。で、横道にそれたぶんだけ持ち時間は減ってるから、後半は少しはしょったりしてね。

寄席なんかだと漫才の持ち時間はだいたい十五分から二十分だから、あまりウケちゃうとあっという間に時間を使い切ってしまう。そういうときは「降りろ」って合図がくるんだけど、「ああ、もうちょっとやりたいのにな」っていうこともよくあったね。

いまのテレビのネタ番組は、だいたい持ち時間が二分とか四分なんだよね。それだとできるだけ無駄を省く必要があるから、感覚的にはCMと変わらない。会場の空気を読んで、ネタ振りをして、自分たちの世界に巻き込んで……なんて悠長にやってる余裕はないわけだ。お化け屋敷で言えば、ドアを開けた瞬間にお化けが待ってるとか、そういうノリだよね。そもそもドアからして、もう外しちゃってるようなネタも多い。

「どうもー、○○でーす！　僕、前からコンビニの店員やりたかったんですけどね」

「じゃ、やってみようか、『いらっしゃいませー』」

って、もういきなりだもの。

そういう漫才の過酷さに比べると、落語はまだ一ネタにある程度は時間をかけられるんだから、もっとマクラをうまく使ってほしい。マクラのない落語は味気ないよ。少なくとも、いきなりネタに入るのではなく、つまらなくてもいいから、前置きとしてのマクラはきちんとやるべきだと思う。

ライブの緊張感

最近のオイラのライブではパネルを使ったりしているんだけど、一度だけ落語とドッキングさせたことがあるんだよね。

『お見立て』を途中までやって、「あ、これウケねえわ。やめた。パネルにしよう」ってチェンジして、客が笑うようになったら、「よし、座布団持ってこい。落語に戻るぞ」っていうのを繰り返す、それ自体がネタのようなことをやったら、客もけっこう喜んでたよ。だけど、いざ本格的に「落語をやる」となると、これは毎回ちょっと身構えるね。

それほど経験があるわけではないし。立った状態のしゃべりだと、「もう、何言っているのかわかりませんね」なんて平気で言っちゃえるんだけど、なぜだか落語だとそういう無茶苦茶なことは難しい。座るとどうしても客の視線も集中するので、ミスが許されない空気があるんだよな。

いまだにネタ中に客と目が合ったりすると、アガってしまうことがあるもんな。「うわっ、まずいよ、この人、オイラのこと一生懸命見てるよ」って余計なことを考えてしまう。

だから、落語に関しては、まずマクラで延々とエクスキューズを並べることもある。

「私、普段、落語なんてやらないんですけど、たまにやってみるとどんなものかな、と思いまして。繰り返しますけど、本職じゃないですからね。それだけはわかってくださいよ。お金に値するような芸じゃないんです。つまらないとか、カネ返せとか、そういうことは言わないように」

なんてね。

いや、そんなことないだろって言われたら、

「そこまで言うなら、私だって暇な人間じゃないですからね。楽屋に二百万ぐらいは積

んでおいてもらわないと」

って急に強気に転じたりなんかして。

とにかく、マクラは大事だし、気を遣うね。まず客をどういう状態に持っていくのがベストか。最初に笑わせておけば、とりあえずそこそこは満足はしてくれるだろうし。

出囃子でネタを仕込んでおいたこともある。

わざと長くしてもらって、袖から歩くうちに座布団も通り過ぎてしまい、舞台の端っこまで行ってから、

「三味線長いよ、コノヤロウ。すみませんね」

なんてやって、一度引っ込んで、今度は極端に短くしてもらって、チャカチャンチャンで三味線が終わってしまう。

「短すぎて、出られないだろ！」

って。あとはよくあるやつだけど、釈台の角につまづいたり、台の上に座ってしまっても面白い。

でも、いろいろ試すうちに、結局いままでは普通に出て、座るようになったよ。

場に合わせたチューニング力

話芸で大事なのは、客との「コミュニケーションの取り方」だと思うんだよな。誰に内容を伝えるのか？　その会場ごとに合った言葉のチョイスが必要だし、そうでないといくらギャグを言っても笑ってもらえないどころか、話の中身すら理解されない。話芸のあるヤツっていうのは、その場のレベルに合わせたギャグができるヤツなんだよ。オイラなんかも、バカにしつつも、結婚式に呼ばれたらしょうがないからその場に合わせたスピーチをするもの。

「結婚でいちばん大事なのは三つの袋です。まず、池袋。これは会社が近い！　次が沼袋。ここは家賃も安い！」

結婚式でありがちな「お袋」「給料袋」「堪忍袋」みたいな話だと思わせておいて、ただデタラメを並べるっていう。これだったら、まあ、結婚式場で中身がまったく伝わらないっていうことはないだろう。

つまり、その場に来ている人たちが共有している世界観の中から言葉をチョイスして、その組み合わせから笑いを見つけ出すのが話芸なんだ。

だから、アメリカのスタンダップ・コメディアンがいきなり日本に来て、字幕をかぶせてもらったって、ウケるはずがないのはそういうこと。

「どういう場所で」「どういう人たちに向けて」という部分が大事なんだ。

同じ日本でも、東北か、関西か、瀬戸内海か、土地柄によっても変わるからね。東京では使えるけど関西で使えない言葉もあれば、その逆もある。

関西ではよく相手のこと「自分」って言うけど、オイラなんかがそれを言われても、「え？　お前自身のこと？」と思ってしまうもの。

たとえば、

「自分、ウナギ好き？」

「え？　お前がウナギ好きかどうかなんて知らないよ」

「いやいや、『自分』ってあんたのことや」

ってなるよね。

関西弁をもじったこんなバカなネタも考えたことがあったな。

「チャウチャウ」って犬がいるだろ。それを、

「これ、チャウチャウちゃうん？」

「いや、ちゃうちゃう」

「チャウチャウちゃうん？」

「いや、チャウチャウちゃう」

って、もうなんだかわからない。

タイに三日間で十万人くらい集める人気の漫談家がいるんだけど、やはりネタを翻訳してもらったところで、タイの歴史を知らないと全然わからないんだよね。

だから、映画字幕翻訳の戸田奈津子さんなんかずいぶん苦労してると思うよ。アメリカ

のギャグ映画でさ、主人公がクルマの屋根に落っこちたけど生きていて、「お前はイーブル・クニーブルか！」っていう台詞が入るんだけど、イーブル・クニーブルっていうのは向こうの有名なスタントマンの名前なんだよね。それを知らないと、まったく意味のわからないツッコミなんだ。これ、字幕でどうするんだろうと思ったら、「マチャアキびっくり！」だって。堺正章さんは関係ないだろうって。そこはせめて「お前は引田天功か！」くらいにしてほしいよな。でもまあ「マチャアキ」っていう言葉の語呂がよかったんだろうね。

ともかく、こんな小さな国でも、言葉の使い方、背景、ニュアンスの違いがあるわけで。落語なんか特に、着るものから、食い物から、細かい文化様式が詰まってて、いまの人が知らないことだって多い。それでも、いま志ん生さんの落語を聴いて笑えるんだから、本当にすごいことだよ。

常に新しいことを

やっぱりオイラは客前に立つのが好きなんだろうな。演芸場なんかでも、反応がダイレクトだもの。二〜三百人ぐらいの規模だったら、笑ってるヤツと笑ってないヤツは、すぐにわかる。じゃあ、そこでウケてないヤツをどう笑わせてやろうか、っていうドキドキ感はたまらないものがあるよ。

ライブを終えたら、一緒に出た若い連中とよく飲むんだけど、そのときに「ウケた」っていうことぐらい、最高のつまみはないよ。いまだに、これほど高級な酒の肴はないっていうくらい。

ある意味、中毒なんだろうな。志ん生さんだって、倒れて思うように口が回らなくなっても高座に上がるし、オイラだって身体が言うこと聞かなくなっても、やっぱり客前に出たいと思う。

あと、結局、相変わらずガキのままで、みんなであそこに行ってみようとか、あんな無茶してみようとか、そういうことがいくつになってもやめられないんだよね。

毎週土曜、ＴＢＳで「新・情報７ｄａｙｓ　ニュースキャスター」の生放送があるんだけど、だいたい二時間ぐらい早く行って、ライブのネタとか、くだらないイタズラとかを考えてるの。楽屋のテレビに映ったCMを見て、「このパロディ映像をつくってみようか」とか。

いい言い方をすれば、画家が死ぬまで絵を描くのが好きだっていうのと変わらないと思う。オイラは、ピカソとまでは言わないけど、いままでやったことをある程度否定しつつ、新しいことを試してみたいタイプなんだよね。「相変わらずデッサンがうまいですね、あの人は」というのはイヤなんだ。それだったら、「もっとこんな描き方だってあるぞ」っていうのを試してみたい。まあ、そもそもデッサン力自体がないっていうのもあるかもしれないけどさ。

でも、こういうやり方をしているかぎりは、いつまでも年齢を感じずにはいられるんだよな。

数年前に、立川談春さんの弟子にしてもらったんだよ。立川梅春っていう名前で、落語をやっていこうと思ってさ。

もともと談志さんに弟子にしてもらっていたんだから談春さんとは兄弟弟子のはずなんだけど、いまになってさらに談春さんの弟子にしてもらうっていうのが、オイラの謙虚なところだよ。
謙虚なんだけど、これからもまだ、世の中をひっかき回そうと思ってるよ。

第五章

芸人

融通無碍《ゆうずうむげ》と危うさと

「破滅型芸人」という幻想

志ん生さんは「飲む、打つ、買う」の芸人と見られがちで、実際そういうところもあるんだけど、どこかで自分に対して客観的だったんじゃないかなと思うんだよね。酒も博打も好きだし、女郎買いもしたんだろうけど、のめり込んでいたわけじゃない気がする。だから破滅していないし、何より芸がダメになっていない。

普通、酒やなんかに溺れたら、かなり芸が荒れるはずなんだよ。でも志ん生さんは、最後、病気で倒れたりしてろれつが回らなかったりはしているんだけど、落語はずっとうまいからね。

だから、好きなことはあっても、落語のために歯止めが利いていたんじゃないかな。

そういう志ん生さんを勘違いして、「飲む、打つ、買う」っていう部分に憧れて、ダメになったヤツもけっこういるからね。「破滅型」という芸人の類型があるけど、オイラもそういう芸人に見られがちで、ファンにも、オイラの真似しちゃってダメになるヤツがいるんだよね。

でも、オイラもそこはかなり客観性を持っている。俯瞰というか、もう一人の自分がずっと見ているんだよね。

そうすると、我を忘れてのめり込むっていうことができないんだ。のめり込んでいる自分をもう一人の自分が観察していて、「あ、こいつ、いま調子に乗ってるぞ」っていうのがわかってしまう。「あれあれ、大変なことになっちゃってるぞ」とか。酒を飲んでても、「酔いにかこつけて、かっこいいこと言ってんじゃないよ」というツッコミを自分で入れていたりする。


志ん生さんとオイラがちょっと違うのは、恥ずかしいことだけど、オイラは実際トラブルになっちゃったことが何回かあるっていうところ。そのへんは志ん生さんのほうがうまくやっていたな。

だからオイラは、オフクロにはずいぶん迷惑をかけたという思いがあって、ちょっと前に爆笑問題の事務所主催の「タイタンライブ」に呼ばれたときに『人情八百屋』をやったんだけど、そのマクラでもオフクロの話をしたんだよね。

大学も六年まで在籍して、自分では金払った覚えもないし、退学になったと思っていたんだけど、実はオフクロがずっと学費を払ってくれていた。同時に下宿の家賃も滞納していたんだけど、引っ越してすぐ、オフクロが大家を訪ねて、「あの子はきっと家賃を払えなくなるから、そのときはこちらに勘定を回してください」なんて言って、代わりに払ってくれていたらしいんだ。

難しい噺をあえて試したい

そもそも、なんで『人情八百屋』をやろうと思ったかというと、爆笑問題の太田光に、「タイタンライブ」二十周年記念だから、どうしてもトリに出てくれって言われてさ。他に出るのはみんな漫才のコンビなんだよ。はっきりいえば、オイラはそこで落語をやれば、最初からある程度、笑いをとる自信はあった。まず、マクラに漫談をいくつか放り込めばいいんだから。でも、そうではなくて、もっと荒技に挑んで、思い切って人情噺をやってやろうと思ったんだ。ようするに無茶なことだとわかってて、試してみたんだよな。

実は『人情八百屋』を人前でやるのは二回目だった。

一回目はある人の前で、ほとんど一対一でやってみたんだけど、途中で足がシビレるわ、上下《かみしも》もわからなくなるわで散々な出来だったんだ。けれど、それでも見てくれた人がよかったと言ってくれたから、じゃあ、次は客を入れたライブでやってみようかと。そんなところに、ちょうど爆笑問題からオファーがあったというわけ。

いちおう『人情八百屋』自体は談志さんのなんかを参考に、だいたいのストーリーは押さえているつもりだった。でも、細かいところについてはほとんどアドリブでやってみたんだ。

ある八百屋が、かわいそうな親子を見て少しのカネを渡す。家賃を取り立てにきた大家がそのカネを取り上げてしまい、絶望した親が首を吊って死ぬ。それに怒った長屋の連中が大家の家を壊して、残された子ども二人は鳶の親方が預かっている――。

そのあと談志さんのやり方だと、鳶の親方と八百屋が兄弟分の盃を交わして、八百屋が子どもたちを預かるっていう流れになるんだけど、オイラはちょっと変えたんだよな。八百屋の女房をもう少し出すようにしたんだ。

まず、最初のところで八百屋が親子に渡したカネを、女房には盗まれたって嘘ついたことにした。それで、鳶の親方に子どもたちを引き取ってくれないかと相談された八百屋が、親方には一週間待ってもらって、家に戻って女房に相談するっていうくだりを入れたの。

「お前には盗まれたって言ったあのカネだけど、実は……」っていうふうに事情を女房に説明する八百屋。すると女房は「大丈夫、あたしがいるんだから。しょせん子どもじゃないか。二人いたって、あんたのお金でじゅうぶん食わせられる。そうか、ちゃぶ台も買わなきゃいけないね」なんて言うんだ。あとはもう出任せで話したんだけど、案外うまくいったんだよな。

このあとの流れは――

さて一週間経って、親方たちが、

「八百屋は来たか」

「来るわけないだろ、バカ。考えてもみろよ。どこの八百屋が、親が首くくって死んだ見ず知らずの子どもを引き取る?」

するとそこに、

「ごめんください」

「あっ、八百屋さん! 本当に来たよ!」

となるんだ。

テレビ番組で一緒になった立川志らくさんが、「たけしさん、『人情八百屋』の映像を見ましたよ。あんな難しいネタ、よくやりましたね。ちゃんとしてましたよ」って言ってくれてさ、

「人前でやったの二回目だし、客前では初めて。上下《かみしも》だってめちゃくちゃだよ」

と言ったら、

「上下なんていいんですよ。そんなことでとやかく言うのは、落語にうるさいヤツだけですから」

だって。

いい噺にはギャグをプラス

一口に人情噺といっても、「ああ、いい話だな」って素直に思えるネタと、「それはちょっとどうなんだ?」っていうネタがあるよね。

『柳田格之進』なんて、商人のカネを盗んだんじゃないかと疑われた浪人の侍が、盗んでもいないのに意地で返そうとするんだけど、用意できない。で、父親の切腹を察した娘が、思いとどまらせようと女郎になってカネを工面して返したら、実は商人のほうがついたての裏に置き忘れていただけだったっていう。

いまの時代に身売りするっていう感覚は共感されづらいよね。でも、落語には借金の抵《カ》当《タ》に娘が吉原に身売りするという噺がけっこうあるんだよな。

ただ、その吉原というのも、太夫や花魁の扱いであったり、いまの感覚とはちょっと異なるのかもしれない。完全に江戸の文化として根付いていて、「初見《しょけん》」とか「裏を返す」とかしきたりがあったり、現代のソープランドとはワケが違う。もちろん花魁と寝ることもあるけれど、茶屋でお酒を飲んで待っているのも含めて、一つの情緒だったりもしたわけで。

そもそもいまだって、男女の関係が五分五分という物語は、落語にかぎらずあまり見ないよね。だいたいどちらかが上で、その関係が逆転して終わりみたいなものも多い。落語の廓噺の場合、そこが女郎と客の関係になるから、自然と間抜けさも醸し出されて、面白いんだよな。

志ん生さんの『幾代餅』なんかも、オイラはけっこう好きなんだよ。米屋の奉公人が花魁に一目惚れして、すったもんだあって、最終的にその想いが叶うっていう噺。あれぐらいファンタジー要素のある人情噺だったら、いつかやってみたいという気持ちはあるんだよな。これが『文七元結』みたいな、どっぷりの人情噺となるとちょっと難しいなとは思うんだけど。


人情噺って、実は滑稽噺とも紙一重のところがあって、最近のお笑いでも、コントでしんみりさせるようなネタをやるヤツもいるよね。

おそらく落語も、面白いネタと泣けるネタの両方を聴きに来たいっていう客がけっこういると思うんだ。

オイラとしては、落語をやるとすれば、そこをうまいこと混ぜてみたいなと思う。『人情八百屋』にしても、イイ話の中にどうやってギャグを詰め込んでいくかをもうちょっと考えてみたいんだよね。

さらっとやって、いいなと思わせる

落語で人情噺というと『芝浜』も外せない。怠け者の旦那の改心を願うカミさんが、何年も嘘をつきとおすという噺だ。

志ん生さんも『芝浜』をやるけど、いろいろあるネタの一つという感じ。やはり『芝浜』といえば三代目桂三木助、それから談志さんも晩年には力を入れてやっていたネタだよね。

談志さんの『芝浜』はオイラも何度か聴いた。

たしかに熱演ではあるんだけど、あくまで役を演じるという意味での熱さであって、落語としてはどうなんだろう？　という疑問は残ったな。まあ、談志さん自身も、「『芝浜』は恥を覚悟で熱演している」なんて自分でも言っていたけど、それを聞くと、やはりオイラとしてはそういう「熱演」からいちばん遠いところにあり続ける志ん生さんのすごさを一方で思ってしまうんだよね。

志ん生さんの『芝浜』なんて、構成としても、魚屋の男が芝の浜で財布を拾うシーンをはしょるもんね。その場面はあとから口頭で説明するかたちにして、男がウチに戻ってくるところから話を始める。だから、カミさんが財布を拾ったのが夢ではなかったことを告白するくだりでも、それを聞いた男の怒りは案外、少ないんだよな。

「あー、なんだあ、夢じゃなかったのかい」

ぐらいの感じ。さらっとしてて、熱演しようがないというか。


さらに言えば、志ん生さんの人情噺は、総じて明るい。

『文七元結』でも、『幾代餅』でもそう。自虐ネタに近い感じがあるね。

「ありゃ、参っちゃったよ」という状態が志ん生さんは好きなんじゃないかな。どこか自分すら突き放しているというか。


なんか飼い犬みたいなんだよな。猫って我関せずのところがあるけど、それに比べると犬は健気というか、ホッとする感じがある。いまオイラは柴犬を飼っているんだけど、普段言うこと聞かないくせに、ご飯のときだけは急にすり寄ってきて、何も言ってないのに「お手」をしたり、「お座り」をしたりするんだよ。その様子が健気で笑ってしまう。「そうか、お前、腹減ってるのか」って。

何かそういう飼い犬の愛嬌に近いおかしみが、志ん生さんの人情噺にはあるんだよな。

年を経るごとに自由自在に

志ん生さんって、晩年に至ってもまだ新しいことを試そうとしている感じもあるね。『火焔太鼓』は、若い頃と晩年とで、けっこう変わっている。単純に言って、若いときのはテンポが速い。声の張りもある。ただ、そこに味はないんだよな。

それが、晩年になると、味があって、ヘタすると何やっても許されるような状態にもかかわらず、新しいマクラをつくったり、サゲを変えたりもしている。実は、志ん生さんの絶頂期って、七十一で倒れる直前だったんじゃないかとすら思うよ。

最後なんて、客からすれば志ん生が目の前でネタをやってくれるだけでも大満足だったと思うんだ。

でも、志ん生さんは人間国宝みたいな扱われ方をされるのはイヤだったんだろうね。常に自分は現役だというふうに言い聞かせているから、新しい小噺なんかもバンバンつくっていた。

そういう志ん生さんだったからこそ、得意ネタって聞かれてもオイラはすぐには浮かばないんだよな。

名人と呼ばれるような落語家は、だいたい「この人はこのネタ」というのがあるんだけどね。

たとえば三代目春風亭柳好だったら『野ざらし』。

オイラも昔、談志さんに柳好の『野ざらし』を聴けって言われて、改めて聴いたんだけど、十八番だけあって、いいんだよね。「鐘がボンと鳴りゃ〜」のくだりなんて、ほとんど端唄とか小唄みたいな歌になってる。マクラも「菜っ葉、菜っ葉」とか「つばき飛ばしやがって」とか、よく考えるとなんにも面白くないんだけど、リズムだけでお客を笑わせてしまう。

だから、その一方で、ご隠居がする怖い話みたいな前段の部分は少しかったるく感じてしまうところもある。

流行歌でも、サビの部分だけ聴きたいっていうことがあるけど、それと同じ。「鐘がボンと鳴りゃ〜」っていうくだりに入ると、ここからがいいんだよっていう。

これは志らくさんが言っていたんだけど、落語家っていうのは「ダレ場」〔笑いがない部分〕をいかに耐えるかが勝負なんだと。

「たけしさんも、落語やっててダレ場はつらいでしょ?」

「うん、つらい。笑いをとりにいっちゃうもの」

「それだと、人情噺ができなくなっちゃうんですよ。最後のサゲだけでクスッと笑わせるようなネタもあるから。ただ、そういうネタばかりやることで、うまいと勘違いされている落語家もけっこういるんですよ」

だってさ。

そもそも落語っていろんなスタイルがあるんだよね。

先代の林家三平さんみたいな爆笑芸もあれば、その反対に、志ん生さんの息子で先代の馬生さんみたいな、あまり笑いをとらない落語もある。

志ん生さんは両方できるというか、自由自在。

だから得意ネタがないっていうのも、突出した噺がないというよりは、どの噺をやらせても一流だからなんだよな。

ざわめきに近い存在感

志ん生さんの落語は、単純な「面白い」の上をいっているとも言える。笑える、というよりも、ざわめきに近いところがある。高座に現れただけで、「わー、出てきた！」っていう。

現役時代の王さんや長嶋さんが、何もしなくても後楽園のグラウンドに出てくるだけで客の期待度を最高値にまで持っていってしまうのと同じ。

少し話はずれるけど、彼らみたいにスターじゃなくても、出はやっぱり盛り上がったほうがいいね。昔は「○○でーす」と出ていったあと、「拍手が少ない！」と言ってもう一度出直すっていうのを半分ネタで繰り返すような芸人もいたりしたし。

いまだと関西の漫才師なんかは、もう自分で手を叩きながら出てくるもんな。

落語だと、志ん生さんみたいに出てくるだけで「わー」っとなる次元の落語家はいま、いるんだろうか。

そういうところで勝負をする落語家が少ない気がするんだ。テレビも、きちんと高座を見せる番組は早朝の六時とかにやってるし、しかもクスリとも笑いが起きていない。そもそも落語家に笑いを起こそうという気もなさそうなんだ。それでよしとするのはどうかと思うよな。

それでいて、誰もやらないような噺を発掘してきて、「どうだ?」って高座でかけたりするんだけど、「そんなもの、つまらないネタだから誰もやらなくなったんじゃないか」と思ってしまうことも多い。

どうも、落語というジャンルのマニアックな部分に逃げているように見えてしまう。

もちろん落語というのはいろんな要素を含んでいて、「笑い」もそのパーツの一つにすぎないとは言える。

もともとは語り芸として、講釈や浪曲とも近いものだったわけだし。

だから談志さんみたいに、そういう個別のジャンルに分かれていく前の芸事としての落語を意識している人が講釈風のことをやって、「どうだ」っていうふうに芸を見せたくなるのもよくわかる。

ただ、そういう芸は売れている談志さんだから格好つくのであって、はなからマニアックなところを目指してもしょうがないと思うんだ。

そういう意味でも、志ん生さんがいいのは、一見ハチャメチャなのに王道なところなんだよな。

志ん生さん自身はいろいろな芸事の蓄積があるんだけど、それをこれ見よがしにやるんじゃなくて、王道の笑いの中に溶かし込んでいる。

だいたい志ん生さんって、NHKラジオの収録とかでも、一生懸命やっているもんね。会場の規模は関係なしに、まず客にウケないと仕方がないと思っていたはず。

オイラたちだって、ウケないのはいやだからね。昔は市民会館みたいな会場で何千人とかを相手にして、翌日は寄席みたいな場所で数十人が相手ということもあったけど、客の多い少ないは関係なしに、とにかくウケないのはいやだった。だからいくら客が入っていてもウケないと「あの市民会館は二度と行きたくねえな。ウケないし、ガキは走り回ってるし」となってしまう。

とにかくウケることが一番。実際にウケて、それで喜ぶ人が徐々に増えて、そういうことの先に、あの志ん生ワールドができあがったんだと思うな。

一瞬で異次元に誘う力

志ん生さんの場合、戦地に行ったことで、どこか吹っ切れたところもあったかもしれない。実際、本格的に売れ出したのも、満州から帰ってきてからだよね。

ドンパチやってる場所でも、休憩時間に人は笑いたいものなんだ。だから漫才のエンタツ・アチャコとかも満州に慰問で呼ばれたりしてさ。

外国だと、戦場で人気があったのが、コメディアンのボブ・ホープ。

ボブ・ホープが来ると、兵隊がみんな集まって、これから敵と撃ち合いするのにそのことを忘れて爆笑していたっていうもの。

お笑いにはそういう効用があって、ようは一瞬で異次元に持っていくことができるんだよね。

だから寄席みたいな場所がなくならないのも、あそこに入れば、この世の憂さを晴らせるからなんだろう。

そういう構造を、志ん生さんも、満州で改めて確認したんじゃないかな。

オイラも、若い頃はわりと難しいことを考えたりもしたけど、深見の師匠がきっちりコントをやってるのを見たときに、意識が変わったんだよね。

それで漫才コンビを組んで、名古屋や大阪の局に呼ばれたりするんだけど、今度は本場の漫才のスピードと扱うネタの鮮度に打ちのめされて、「ああ、これはオイラ、ウケないわ」と思って、いっそ足を洗ってしまおうかとすら思ったことがある。

当時の流れを振り返れば、やすきよ漫才がターニング・ポイントだった。

昔はボケに対するツッコミといえば「よしなさい」とか「もうちょっと真面目にやりなさい」といった感じだったんだけど、やすきよはそうじゃないんだよね。きよしさんがボケて、やっさんがツッコミなんだけど、やっさんの言うことのほうがおかしかったり、逆にきよしさんにツッコミ返されたりもして、笑いを増幅させていた。

それで、オイラも完全にスタイルを変えて、言葉遣いも身近な下町言葉を使うようにしたんだ。それまでは標準語で「きみのところに行ったら」なんて言っていたのを、「オメェんとこ行ったらよー」なんていうふうに変える。それでようやく関西弁のリズムやスピード感に対抗できるようになった。

あとはネタ選びだね。関西では阪神タイガースのネタとかをやっているわけ。でも、それまでの東京漫才って、コロムビア・トップ・ライトさんがやっていたような、政治がどうこうみたいな教養ネタを扱っていたんだ。でも、もうオイラたちはフリーでいこうと。それで下ネタから何から、くだらないことも含めて全部扱ってやるっていうふうにしたの。

「浅草の飲み屋街に行ったら、酒飲んで腹くだしてさ、炉端でウンチしてたんだよ。そしたらそこに人が来ちゃって、お尻隠すのに逆向きになったんだけど、今度は気持ち悪くなっちゃってよ。ゲロ吐いて、そしたらまた前から人が来るから、もう一回、回転して、ウンチして、ゲロ吐いて、回転して、ウンチしてゲロ吐いて……」

「お前はスプリンクラーか!」

っていう、ホントそんなくだらないネタをいっぱいつくったよ。

その中でも、この「スプリンクラーか!」っていうツッコミは輪をかけてくだらなくて、好きだったね。

「危うさ」は「強さ」

芸人には、売れているとか、売れていないとか、そういう物差しもあるにはあるんだけど、芸人同士でいえば、だいたい並んだ瞬間に「どっちが勝ち」かはわかるんだよね。土佐犬のにらみ合いみたいなもんだ。だいたいどちらかが先に頭を下げてしまう。そういう勝負では、オイラはいまでもほぼ負けないっていう自信があるけど、落語にかぎっては、志ん生さんにはかなわないなっていう意識がある。

じゃあ、その強さってなんだと言われれば、それは「危うさ」なんだよな。

お客から見て、「こいつは、危ないな」という感じが、芸人のいちばんいいスタイルだと思うね。いつまでも安定しないどころか、「この人、ふっと明日にはいなくなってしまうんじゃないか」と思われるヤツは強いよ。

オイラも、大御所とかいってありがたがられるのはイヤなんだ。急にへんなことをやりだして、気がついたらくたばってしまっているのが理想に近い。

動物園で人気があるのって、やはり猛獣なんだよね。ライオンだってヒョウだって、野放しだったら飛びかかってくるかもしれないけど、檻があるなら近くで見てみたい。金払って牛とか馬みたいな家畜を見たってしょうがないもの。まあ、パンダみたいな人気者もいて、それは芸人で言うなら林家三平さんみたいなものなんだろうけどさ。

高座でも、芸人が一段高いところに乗せられている状態だから、みんな安心してゲラゲラ笑うことができるけど、もしかして降りてきたら怖いかもしれない。ヤクザだってそうだろ。テレビカメラ越しにだったらみんな見るけど、プライベートで個人的に会うのはおっかない。それと同じ。

オイラに関しても、芸事の時間というか、コメディアンとして舞台に出ている間はいくらでも笑われるのは大歓迎なんだけど、私生活で笑われるのはあまり好きじゃないんだよな。

深見の師匠の影響もあるかもしれない。「舞台に出るときはコメディアンで、降りたらスターというのが理想」と常に言っていたからね。

人を笑わせて喜ばせるっていう一見楽しそうな世界だけど、オイラも入ったときは、裏側では神経を使うし、こんなにも苦しい場所なのかと思ったりはしたな。

若い頃から、全然売れてないのに、「こんな舞台はつまらないから出ない」とか言ってよくすっぽかしたりしたけど、それだって意識してやったというよりは、持って生まれた性格だったと思う。「お金をいくらくれても、そんな芸はやりたくない」とか、そういうプライドはあって、やりたくないことはやらなかった。

そのあたりは、ある部分、志ん生さんとも通じるところがあるかもしれない。

なんにせよ、志ん生さんが高座にいる間はなんとかしてお客を面白がらせてやろうとしていたのはわかるし、だからこそ、そのためには何をしでかすかわからない「危うさ」を感じるんだ。

志ん生さんが高座に上がると、何をやってくれるかはわからないけど、客はもうそれだけでいいと思っているフシすらある。

座布団に座った瞬間、「うう〜」って言っているだけで、絶対に何かやばいことを言い出しそうなんだ。その期待だけでもう、客は笑いそうになってしまう。

酒に酔っ払った志ん生さんが、高座の上で大喜利かなんかの途中に寝てしまったけど、客が「寝かしてやれ」と言ったエピソードも有名だよな。

図々しいようだけど、オイラもテレビなんかでは、そこにビートたけしが座っているだけでいい、という存在でいたいんだよね。そのために、放映禁止用語を連発したりしているんだけど、するとその部分は放映されないから、「たけしは最近静かになった」なんて言われる。

編集でカット割りが飛んでて、オイラだけアニメみたいに早送りになってることもあるもんな。

オイラたちは、絶滅危惧種か!?

でも、じゃあ危ないことをすればすごい芸人になれると勘違いするヤツがいるんだけど、そうではない。

志ん生さんも、名前を何回も変えたり、「飲む、打つ、買う」で散財してしまったりはしたけど、実は破天荒なのは高座の芸のほうであって、そこがすごいというのがすべての始まりなんだ。

だから志ん生さんに憧れて、志ん生を越すような芸人になりたいからといって、酒をガブガブ飲んでもしょうがない。志ん生さんは志ん生になるために酒を飲んだのではなくて、ただ酒が好きだから飲んだだけ。

オイラも殴り込みしてしまったり、バイク事故を起こしてしまったりしたけど、結果的にそうやってアクシデントが起きてしまっただけなんだ。

それにオイラの場合、運もよかった。さんざん人を殴っておいて、半年で復帰してるんだから。いまの芸人なんて、人のクルマにちょっとぶつけたぐらいでも、泣いて謝罪したり、しばらく謹慎しなくてはならないんだから大変だよ。

だから芸人の破天荒エピソードっていうのも考えもので、ある出来事がその人をつくったんだと思ったら大間違い。あくまで、その人から事後的に滲み出てきたものが、ある出来事を引き起こしているというだけのことなんだ。

昔は、身分制度があって、芸人というのは士農工商のさらにその下、最低ランクの部類だった。

でも、それは差別というよりは、一般人には許されないようなムチャなことも認めてやる、ということだったんじゃないかと思う。

江戸時代、歌舞伎の市川團十郎なんかは、代々、庶民に現人神としてあがめられていたわけだし。スターは興行を盛り上げたり、浮世絵になったりして、経済も回していた。

それに比べて、よく言うんだけど、いまのオイラたちは税金をちゃんと払っているし、お上の言うことだって聞いている。それでいて、さらに一般市民と同じように社会に溶け込めと言われるんだから、ちょっとそれはいびつではあるんだよな。

しかも、そうやって行動を規制しておきながら、今度は別のメディアが、「いまのお笑い芸人は行儀よすぎて面白くない」とか言い出すわけだ。


志ん生さんが関東大震災の直後に、酒屋に飛んで行って樽を開けて飲んでいたっていうエピソードがあるけど、いまだったら「火事場泥棒だ！」なんて言われて、ネットで叩かれていた可能性もある。でも、本当のところは、志ん生さん自身も「やったかな、そんなこと？」っていうぐらいのもので、別にそれで笑わせようとか、志ん生だからこうするべきとか思ってやっているわけでもなんでもないんだよね。だから面白いエピソードではあるんだけど、それが芸と結びついてどうとか、そういう話ではない。

ある意味、志ん生さんクラスになると、もう歴史上の人物といってもいいと思うんだ。それで思い出すのは、考古学者の吉村作治さんと話してて笑ったんだけど、クレオパトラがお忍びでカエサルに会いに行くときに絨毯にくるまって隠れてたっていう逸話があるんだ。でも、それを実際に検証してみたら、あまりに暑くてたった十五分で女が意識を失ったと。そりゃそうだよな。身体が隠れるぐらい絨毯にくるまったら、危険に決まっている。

そうやって、いつの間にか歴史のエピソードというのは、勝手につくられていくものなんだよ。

志ん生がつくった時代

オイラも志ん生さんについては、晩年しか直接は知らないわけだけど、ずっと仰ぎ見ていた人たちにとってはもう圧倒的だったんだと思うよ。あの談志さんだって、「古今亭にはかなわねえ」って言っていたぐらいだから。

だから志ん生さんは間違いなくスターでもあるんだけど、時代状況があってのものではないのがまた、すごいんだ。

野球で言うと、王、長嶋の時代って、ゴールデンタイムに毎日、野球中継をやっていたからこそ、国民的スターになりえた部分もあるわけだ。いまだとメジャーリーグでいくら活躍したって、中継は朝早くだったり、そもそも専門チャンネルでしか放送されていないことだって多い。

じゃあ、野球の技術はといえば、イチローのほうが、明らかに王、長嶋より上だろう。

これはたいていのジャンルにも言えることだけど、スポーツはとくにそう。

いま体操でトップを張ってる内村航平の技術と、一九六四年の東京オリンピックの遠藤幸雄の技術の違いは、大学生と小学生ぐらいの差があるよね。いまの技術から見れば、遠藤の技なんて鉄棒を持ってぐるぐる回ってるだけだもの。それでも金メダルなんだから、いかに体操技術が進歩したかってことだよね。

ところが、落語においては、過去と比較して現代が負けるんだよね。

志ん生よりうまい落語家がその後いるか？　といえば、いないわけだから。オイラはそう思うよ。

志ん生さんってピカソみたいなところがあって、最終的に「初めて子どもみたいな絵が描けるようになった」って言い出しかねない人なんだ。

ピカソの最後の作品って、普通の人からすると、ただの下手くそに見えかねないような絵なんだよ。さまざまなスタイルを通過して、最終的にそこに辿り着いたっていうのがすごいことだよね。

志ん生さんにもそういうところがあって、若い頃は真面目な芸風だったと聞くけど、それじゃ笑いがとれなくて、いろんな芸に目をつけて吸収し、ギャグもいろいろと研究して、自分が高座に上がるときには、それをほんわかとした空気の中で客に届けていた。でも、ほんわかして見えるけど、実は蓄積が効いていて、シュールで、技術があるのも明らか。だから現代の人が聞いても、普通に笑えるんだよな。

談志さんがよくこんなことを言っていた。

「稽古をつけてもらいにいろんな師匠のところに行ったけど、一番、稽古をつけてもらっちゃいけないと思ったのは志ん生師匠だな」

って。

もう教える内容が毎回、違うんだってさ。

長男の馬生さんが、

「俺たちが正しく噺を覚えても、親父が間違えてやるから、俺たちのほうが間違っているように思われてしまう」

と意見したら、志ん生さんが言ったのは、

「そんなんどうだっていいんだ」

だったそうだ。

志ん生さんからすれば、間違えようが何しようが、志ん生の世界がちゃんと伝えられればそれでオッケーだと思っていたんだろう。だいたい落語を頭から間違えて、やり直すこともけっこうあったようだからね。

それでも志ん生さんは誰よりもすごい落語をやってしまうんだ。

そんな落語家いるかよ。

やっぱ志ん生なんだよな。

おわりに　勝負の行方

かつて芸能界で活躍してて、いまは悠々自適に暮らしてる、という人がたまにいるけど、ああいうのはたいてい嘘だと思うんだ。「庭で犬に餌をあげているのが幸せなんですよ」って、そんなわけがない。客前やカメラの前でずっと生きてきて、死ぬまで本当はそこにいつづけたいと思っているヤツがほとんどなんじゃないか。

映画『アウトレイジ　最終章』を撮ったとき、前作でも重要な役どころだった二人の俳優、塩見三省さんと西田敏行さんが、撮影前に相次いで病気で倒れてしまった。でもいざ撮影が始まってみると、二人ともセリフは入っているし、ありとあらゆる手を使って演技をするんだよ。それはもう、すごい迫力だった。やっぱり役者は舞台に上がったり、カメラの前で演技をするのが一番テンションが上がるものなんだと思ったな。

志ん生さんも、晩年は脳出血で倒れ、家族に止められながらも、口が回らなくても高座にも上がったし、独演会までやろうとしたという。

魚でもそうだけれど、調子が悪いからって海洋学者かなんかにせまい水槽に入れられて、薬で治されても、最後は川や海に放してくれないとつまらないんだよ。いくら体の調子が悪くたって、自分が元にいた場所で泳ぐことが一番いいし、そこでならくたばったってしょうがないと思うはずなんだ。

志ん生さんにとって、高座とはそういう場所だったんだろう。

そして、オイラにとってはそれはテレビやライブの舞台なんだと思う。

なんでいまさら落語に手を出したりするのか。それは、動き続けることで自分を保とうとしているのもあるんだろうな。

だから落語もやれば、小説も書いてみるし、まだまだ映画だって撮るよ。それである程度、評価を得るようなことがあっても、平気でパンツ一丁になってバカなことだってやる。体が悪かろうが、頭がボケてこようが、客前にだって出ると思うよ。

理想は、安い焼酎の店かなんかにいって、見るからにアタりそうなつまみかなんか食って、コロっと逝くのもいいなと。わざわざ安い焼酎の店を選ぶのも大変なんだけどさ。

「すいません、体に悪い酒を出すとこありませんか」

なんて聞けないし。

でも、まあいまはまだそういうわけにはいかないよな。

ふらっと客前に出てきて、「たけしは出てくるだけで、なんか面白いな」と言われるところまでいけるか。

この先、オイラと志ん生さんとの残された勝負だろうね。

本書に登場する主な落語

第一章

『弥次郎』

ホラ吹きの噺。嘘つきの弥次郎が、北海道に行った思い出話をご隠居さんにしている。寒すぎて火消し用にかけた水が火ごと凍ったり、巨大なイノシシと対決したり、ウワバミ（大蛇）に飲み込まれたりと、奇想天外な内容がつづく。

【たけしコメント】

「弥次郎が対決したイノシシの腹から（シシ）十六匹の子どもが生まれてきたり、くだらないことをバンバン言いつづけるんだけど、そこが面白い。〝火事が凍る〟って、オイラの〝北海道は寒い〟のネタにそっくりなのがあるんだよ」

『粗忽長屋』

粗忽噺の最高峰の一つ。八っつぁんが、浅草寺近くでいき倒れの死骸を見て、同じ長屋に住む熊さんと勘違いして現場に連れてくる。熊さんもさらに上をいく粗忽者で、他人の死骸を抱きかかえ、自分だと勘違いをしてしまう。

◎『粗忽長屋』を十八番とする五代目柳家小さんが「サゲの前に『死んだ』という言葉を使わない」という芸談が残るが、一方で志ん生は、サゲの直前でも「死骸」「死んでる」と平気で言っていた。それでも世界観を壊さないのは志ん生の話芸のすごさと言える。

【たけしコメント】

「マクラの慌て者の小噺も楽しい。火事を見ようと慌てるあまり、半鐘《はんしょう》の中に頭を突っ込んで真っ暗で見えないとか。ゆっくり歩く人は財布を見つけるけど、慌てて歩く人は交通事故にあっちゃってよくないよ、とかさ。志ん生さんは、ふわぁっとやる感じがかわいいね」

『鰻の幇間《たいこ》』

幇間噺。お金を持っていそうな旦那に取り入って客にしている野幇間の一八。いつものように見知らぬ男に声をかけ、鰻屋に連れて行ってもらうことに成功するが、逆に騙されてしまう。（野幇間とは、見番に所属し座敷に出る幇間に対し、フリーな立場の者を指す）

◎野幇間の悲哀の心情を描く八代目桂文楽に対し、志ん生はくすぐりや下駄のサゲにもひとひねりくわえ、洒脱にしている。

【たけしコメント】

「鰻屋でおごってもらうつもりが逆に騙されちゃった幇間が、店の文句を言うところで、〝二宮金次郎の掛け軸〟を出したり〝盃の絵〟〝ぺらぺらの奈良漬の切り方〟とか、志ん生さんは描写がうまいよね。文楽さんの『鰻の幇間』も好きなんだけど、二人の落語を比較して聴いても面白いかもしれない」

『道具屋』

与太郎噺。おじさんの道具屋を手伝うことになった与太郎。売り物と言っても、火事場で拾ってきたノコギリ、首の抜けるお雛様、履いてもすぐ破れる股引きなど、ゴミのようなものばかりで、お客とトボけたやり取りがつづく。（与太郎とは、間抜けで失敗を繰り返すが、憎めないキャラクターのこと）

◎志ん生の音源は残っていないが、一九七四年に書かれた息子・金原亭馬生の覚書きに持ちネタとしての記載がある。

【たけしコメント】

「若い頃に俳優座なんかで『道具屋』をやったりしてたけど、当時流行っていたコードレスって言葉を使って『コードレステレビ』とか、ずいぶんおかしなネタでやってたね」

『お見立て』

廓噺。田舎者の杢兵衛大尽は、吉原の喜瀬川花魁に惚れて通い詰めるが、花魁はこの大尽が大嫌いで、若い衆に頼み、大尽に焦がれ死にしたと嘘を伝えた。悲しんだ杢兵衛は、喜助に墓参りの案内をさせるが、花魁の墓はあるはずなく、困った喜助が「ずらりと並んでおりますから、どうぞ〝お見立て〟を願います」でサゲ。(妓楼の張見世に並ぶ遊女を客が選ぶことを〝お見立て〟と言う)

【たけしコメント】

「志ん生さんの音源は残っていないけど、息子の志ん朝さんの田舎者言葉は、うまいなと思う。オイラが『お見立て』をやる時は、浅草とつながっている東武線沿線の〝春日部〟の口調にしちゃうんだ」

『富久』

幇間噺。年の暮れ、浅草三軒町の狭い長屋住まいの幇間の久蔵は、酒の席で得意先の旦那を怒らせ窮地にあるが、なけなしの銭で富くじを一枚買い、大神宮様に願掛けをする。その後、江戸の火事、焼失したはずの当たりくじの発見で人生が一転する。サゲは久蔵の「大神宮様のおかげで、ほうぼうにお払い(お祓い)ができます」。

◎志ん生の得意ネタの一つ。一九六四年十月十日の東京オリンピック開会式の日に、三越落語会で演じた。

【たけしコメント】

『富久』には、現代に通じる射倖心とか、人間の本質的なものが垣間見える。喜怒哀楽もそうだし、火事や富くじとか江戸落語のエッセンスのだいたいのものが入っているね」

『黄金餅』

長屋噺。下谷山崎町に住む身寄りのない西念という乞食坊主が、餅に金を詰めて飲み込み息絶えたのを目撃した金兵衛。その夜のうちに寺に運んで葬儀をし、焼き場まで運ぶが、骨ではなく金だけを持ち帰り、その金をもとに目黒へ餅屋を出して繁盛したという。

◎志ん生の十八番。下谷山崎町から麻布絶口釜無村までの「道中付け」は独自のアレンジが加えられ、聴きどころの一つ。言い終わった後の「あたしもくたびれたよ」は、志ん生のギャグ。

【たけしコメント】

「シュールな噺なんだけど、笑っちゃうんだよね。大家さんの〝菜漬けの樽〟に西念の死体を入れて寺に運ぶとこなんて、おかしいよな。麻布絶口釜無村の木蓮寺の和尚さんの『君と別れて松原行けばー』とか、めちゃくちゃなお経も聴いていて楽しい」

第三章

『寝床』

お店噺。義太夫に凝っている家主の旦那が、長屋連中が嫌がるのをよそに義太夫の会を開き、周囲を困らせる。

◎八代目桂文楽や六代目三遊亭圓生の十八番。二人に対抗してか、志ん生は小僧が「そこがあたしの寝床です」というサゲまでやることは少なく、番頭がドイツに行ったところで噺を終えることが多かった。

【たけしコメント】

「マクラの義太夫で『イヤーデン、イヤデン、イヤデン……』『イヤなら、よしゃあいいじゃねえか』ってとこも好き。逃げ込んだ蔵の窓から旦那に義太夫を流し込まれ、番頭さんがのたうちまわって、その日のうちに書き置きを残して今はドイツにいる、という志ん生さんのサゲがいい」

『火焔太鼓』

長屋噺。開かない箪笥など、ガラクタを仕入れてきては女房に文句を言われている道具屋の甚兵衛。ある日、市で買ってきた薄汚れた太鼓の音が駕籠でお通りの殿様の耳に入り、持参すると、名器〝火焔太鼓〟であると聞かされて三百両で売れた。甚兵衛は汚名返上、夫婦円満になる。

◎志ん生の十八番で、落語の音源も一番多い。前座時代に初代三遊亭遊三の噺を一度聴いて覚えたものを馬生時代の三十六歳頃に高座にかけ、人物描写、展開、サゲに自らのアレンジとくすぐりを加えて練り上げた。正月は、縁起をかついで「（太鼓の音にかけて）ドンドン儲かる」にサゲを変えた。

【たけしコメント】

「これって夫婦の人情噺だよね。最後に旦那が三百両を持って帰ってくると、これまで散々文句を言っていた奥さんも『やっぱり、あんたはすごい！』『なんだ、バカヤロウ』ってさ。『火焔太鼓』もそうだけど、志ん生さんがやる奥さんは、腰巻きの匂いがして、あったかいよね」

『あくび指南』

指南物の噺。素人に芸を教える指南所がたくさんあった頃、町内に「あくび指南所」ができた。気になった男が嫌がる友だちを連れて〝夏のあくび〟の稽古を始めるが、ついてきた男のほうが退屈して、いいあくびをしてしまう。

【たけしコメント】

「志ん生さんのは、教わるほうの男がいつの間にか脱線して吉原へ行っちゃう。噺の構造は、相手の失敗をただ突っ込むだけの単純なものなんだけど、やっぱり聴かせる」

第四章

『大工調べ』

長屋噺。棟梁の政五郎が、家賃の滞納の抵当に大家に持って行かれた与太郎の「道具箱」の返却をめぐって江戸っ子の啖呵を切り、お白洲の裁きにまで発展する。サゲは「大工は棟梁、調べをご覧じろ」（「細工は流々、仕上げをごろうじろ（細工にはいろいろなやり方があるのだから、途中で何か言わずに仕上げを見てからにしてくれ）」の洒落）など。

【たけしコメント】

「棟梁の啖呵の前半でサゲることも多い噺だけど、志ん生さんはお白洲の場面まで通しでよくやっている。オイラもアレンジして何度かやってみたよ」

第五章

『人情八百屋』

人情噺。人のいい八百屋が、売り先の裏長屋で亭主が患い貧を極める母親に出会い、不憫に思って金を渡すが、のちに家を訪ねると、夫婦はその金がもとで自殺していた。残された二人の子どもを預かる鳶頭は八百屋の温情をたたえ、子どもがいない八百屋に育ての親にならないかと打診する。

◎もとの噺は講談の「鰯屋政談」と言われる。立川談志は春日清鶴の浪花節から落語に仕立てたという。

【たけしコメント】

「この噺、笑わせるところは一ヵ所もないからね。ライブでやったんだけど、つい笑いを入れたくなっちゃって、タイヘンだった」

『芝浜』

人情噺。腕はいいが酒ばかり飲んで仕事を怠ける棒手振り（店を持たず、品物を担いで売る商人）の魚屋。女房に早く起こされ、時間をつぶしていた芝の浜で五十両の大金が入った財布を拾い、昼間から友だちを呼んでどんちゃん騒ぎをはじめるが、翌朝目覚めると、女房からは「すべて夢だ」と聞かされる。それから必死で働き、店を持つまでになった三年後、女房から金を拾ったのは本当だったと打ち明けられる。

◎志ん生は、芝の浜で財布を拾う描写を大胆にカットする構成に変えることで、簡潔かつ夢だと諭す女房の言葉に信憑性を加えた。『芝浜』は三代目桂三木助の十八番だが、一九六一年一月三十一日の東横落語会で、三木助がその直前に亡くなったため志ん生が代演し、その音源が残っている。

【たけしコメント】

「志ん生さんって照れ屋というか、熱演はしないよね。『芝浜』も、さらっと演って、いいなと思わせる」

『幾代餅』

人情噺。日本橋の搗米屋で働く清蔵が、錦絵で見た吉原の幾代太夫に一目惚れし、一年間で大金を貯め、醤油問屋の若旦那として吉原へ行く。幾代太夫と一夜を共にするが、別れ際に自分の正体を打ち明けると、その心意気に感激した幾代太夫は、来年三月年季があけたら女房になりたいと申し出る。のちに二人は夫婦になり餅屋を始め、繁盛したという。設定を変えた同じ筋の噺に『紺屋高尾』がある。

【たけしコメント】

「志ん生さんの人情噺は、明るいんだよね。ラストで幾代

太夫が清蔵のところにやってきた時も、小僧さんが『どーしまほー』とか言って大さわぎしたり。楽しいお祭りにしちゃってる」

『野ざらし』（骨釣り）

怪談噺。ご隠居さんから釣りに出かけた向島で、野ざらしの人骨に手向けの句を読み、回向の酒をかけてやったら、その夜、女の幽霊がお礼に来たという話を聞いた八五郎。

いい女にありつきたいと同じように振る舞うと、意外な人物がやってくる。

【たけしコメント】

「三代目柳好さんの『四方《よも》の山々雪溶けかけて、水嵩《みずかさ》勝る大川の、上げ潮南に岸を洗う水の音がザブーリ、ザブリ……』や『鐘がボンと鳴りゃ～』からのくだりは、口ずさみたくなる」

〈主な参考文献〉

『志ん生全席　落語事典　ＣＤ＆ＤＶＤ６９１』（保田武宏／大和書房）
『志ん生の昭和』（保田武宏／アスキー新書）
『三人噺――志ん生・馬生・志ん朝』（美濃部美津子／文春文庫）
『落語ハンドブック』（山本進編／三省堂）
『立川談志遺言大全集２　書いた落語傑作選二』（立川談志／講談社）

構成：九龍ジョー　校正協力：保田武宏
カバー写真撮影：斉藤ユーリ　カバー写真協力：株式会社タイタン　口絵写真：東京スポーツ新聞社　P7写真：共同通信社
協力：株式会社T.Nゴン

ビートたけし

コメディアン、俳優、映画監督、小説家。一九四七年、東京足立区生まれ。浅草フランス座で芸人修行中に知り合ったきよしと漫才コンビ「ツービート」を結成、漫才ブームで一躍人気者になる。その後、ソロでテレビやドラマ出演、映画、出版の世界などで活躍。映画監督・北野武として世界的な名声を博す。一九九七年、映画『HANA-BI』でベネチア国際映画祭グランプリを受賞。最新作は『アウトレイジ　最終章』。二〇一六年レジオン・ドヌール勲章オフィシエ(フランス)、二〇一八年旭日小綬章を受章。著書に『浅草キッド』『たけしくん、ハイ!』『間抜けの構造』『バカ論』、小説に『アナログ』など。

やっぱ志ん生だな！

二〇一八年六月二十五日　初版発行

著　者　ビートたけし
発行者　上原哲郎
発行所　株式会社フィルムアート社
〒150-0022
東京都渋谷区恵比寿南一丁目二十番六号　第二十一荒井ビル
TEL 03-5725-2001　FAX 03-5725-2626
http://www.filmart.co.jp
印刷・製本　シナノ印刷株式会社
装　丁　セキネシンイチ制作室

ISBN978-4-8459-1708-2　C0076